Kinder ohne Streß

Bewegung im Schneckentempo

Klaus W. Vopel

Bewegung im Schneckentempo

Kinder ohne Streß
Band 1

iskopress

CIP-Titelaufnahme der Deutschen Bibliothek

Vopel, Klaus W. :
Kinder ohne Stress / Klaus Vopel. - Hamburg : isko-press
ISBN 3-89403-180-8

Bd. 1. Bewegung im Schneckentempo. - 2. Aufl. - 1991
ISBN 3-89403-181-6

2. Auflage 1991

Umschlaggestaltung: Wilfried Gandras, Hamburg
Satz: Compart, Karlsruhe
Druck: Runge, Cloppenburg

Inhalt

Einleitung

"Kinder ohne Streß" ist eine Sammlung sanfter Spiele, in fünf Bausteinen organisiert: Teil 1, Bewegung im Schneckentempo; Teil 2, Im Wunderland der Phantasie; Teil 3, Reise mit dem Atem; Teil 4, Zauberhände; Teil 5, Ausflüge im Lotussitz. Jeder, der Kinder aufzieht oder mit ihnen arbeitet, erhält mit diesem innovativen und vergnüglichen Werk einen vorzüglichen Leitfaden, um die ihm anvertrauten Kinder in der Kunst seelischen Überlebens zu unterweisen. Diese sanften Spiele wenden sich nur zum Teil an das Alltagsbewußtsein der Kinder. Sie sprechen tiefere Schichten in ihnen an und geben jedem Kind die Gelegenheit, seinen eigenen Stil zu entwickeln, wie es sich beruhigen, sich entspannen, heiter werden, Kraft schöpfen und auf Streß und Probleme gelassen reagieren kann.

Die zentrale Botschaft der sanften Spiele an unsere Kinder lautet: Du darfst dir immer wieder die Zeit nehmen, um dich in Balance zu bringen, und du hast alle Voraussetzungen in dir, um dich konzentriert und zuversichtlich zu fühlen. Und du kannst diese Kunst immer weiter erlernen.

1. Streß-Prävention

Jeder Erwachsene hat schon erlebt, wie sicher und automatisch Babies ihren Lebensrhythmus regeln. Sie sind locker und lächeln, wenn sie ein vertrautes Gesicht, eine bekannte Stimme, einen gewohnten Duft bemerken. Sie verkrampfen sich und weinen, wenn sie hungrig sind, Schmerz empfinden oder sich zu lange alleingelassen fühlen. Und wenn ihre Bedürfnisse befriedigt sind und ihre verfügbare Energie verbraucht ist, schlafen sie von einem Augenblick zum anderen ein. Wir können bewundern, wie es dem jungen Organismus gelingt, einen Zustand wohliger Ruhe und heiterer Entspannung herbeizuführen.

Und jedes kleine Kind hat diese lebenserhaltende Steuerung, die von einer Periode der Aktivität und Anspannung auf eine Zeit der Entspannung und Ruhe umschaltet. Dabei weiß das kleine Kind nicht, daß es diese komplizierte psychobiologische Selbststeuerung ausüben kann. Es läßt einfach sein Unbewußtes für sich arbeiten.

Und wenn das kleine Kind heranwächst, wird diese erste automatische Steuerung seines Lebensrhythmus ergänzt durch eine zweite, willkürli-

che Steuerung, die von dem sich schnell entwickelnden Bewußtsein übernommen wird.
Von nun an hat das Kind häufiger die Wahl, den Empfehlungen des Unbewußten oder den Wünschen seines Bewußtseins zu folgen. Und das dreijährige Kind, das abends um 10 Uhr noch einen Baukasten mit Legosteinen ausschüttet, um damit zu spielen, hat sich offenbar auf die Seite seiner bewußten Wünsche gestellt, wenn es kommentiert: »Ich spiele lieber noch, schlafen will ich erst später.«
Das ganze Leben lang hat das kleine Kind - und haben wir alle - die manchmal komplizierte Aufgabe, die unterschiedlichen Ansichten des Bewußtseins und des Unbewußten miteinander zu verbinden, damit wir einen Rhythmus finden, der uns gesund und optimistisch erhält. Wir ersparen uns viele Komplikationen, wenn wir uns früh im Leben auf eine Kooperation unseres Bewußtseins mit unserem Unbewußten einstellen. Mit beiden Steuerungssystemen ausgestattet, können wir flexibel wechseln zwischen Zeiten der Neugier, des Spiels, der Arbeit, der Liebe - und Zeiten der Entspannung, des Ausruhens, der inneren Stille.

Mit den sanften Spielen von »Kinder ohne Streß« können Sie dazu beitragen, daß Kinder schon sehr früh, im Kindergarten-, Vorschul- und Schulalter lernen können, sich zu entspannen, ihren Rhythmus zu justieren, sich neu zu sammeln. Diese lebenswichtige Fähigkeit ist heute leider nicht nur bei älteren Kindern und Jugendlichen in einem erschreckenden Maße bedroht bzw. unterentwickelt; viele Pädagogen wissen nicht, wie sie auf Konzentrationsschwächen, Unruhe, Hyperaktivität oder Grobheit ihrer Schüler reagieren sollen. Und der zunehmenden Zahl schwieriger und gestörter Schüler entspricht eine wachsende Menge hilf- und ratloser Erwachsener, die alle geneigt sind, die Gründe für die Unterrichts- und Verhaltensstörungen vor allem in den Versäumnissen der Eltern, in der TV- und Video-Kultur, in der neuen Armut etc. zu suchen.
Sicher haben alle recht, die die ungünstigen Lebensbedingungen der Kinder mit ihren Schwierigkeiten in Zusammenhang bringen. Aber das erklärt nicht alles und läßt uns als Pädagogen zudem hilflos. Vielleicht können wir die für uns unangenehmen »Symptome« unserer Kinder auch als produktive Herausforderung nutzen, um selbst etwas daraus zu lernen. Wir können zum Beispiel über unsere eigene pädagogische Praxis nachdenken und uns fragen, in welchen Punkten wir unseren Kindern etwas schuldig bleiben. Und eine erste Antwort kann lauten: Wir be-

treiben keine wirksame Prävention. Wir sind unsicher, wie wir unsere Autorität und unseren Vorsprung an Lebenserfahrung passend einsetzen können. Wir wenden uns lieber an den Intellekt der Kinder und übersehen leicht ihren Körper und ihre Seele. Wir können uns nur schwer auf den langsamen Reifungsprozeß der Kinder einstellen und verlangen zum falschen Zeitpunkt unangebrachte Leistungen.

Pädagogische Prävention heißt, unsere eigene erzieherische und psychologische Theorie zu überdenken, sinnvolle Lernziele für unsere Kinder auszuwählen, die sie auch rauhe Zeiten überstehen lassen, wirksame pädagogische und therapeutische Techniken und Methoden zu entwikkeln — und unser pädagogisches Vorgehen an der natürlichen, biologisch programmierten Entwicklung der Kinder zu orientieren. Schließlich heißt Prävention auch: die Kinder so früh wie möglich lernen zu lassen, das gesamte Spektrum ihres Organismus möglichst harmonisch zu benutzen und ihren eigenen Rhythmus von Spiel und Arbeit, Lachen und Ernst, Konzentration und Tatendrang immer wieder neu zu finden. Denn nur die Kinder, die ihrer inneren Stimme folgen und aus dem eigenen Zentrum leben, bleiben ein Leben lang lernbereit, schöpferisch und freundlich.

Wie kleinere und größere Kinder gern lernen

Kinder haben Schwierigkeiten mit unausgeglichenen Persönlichkeiten. Wer ihnen zwei Gesichter zeigt, irritiert sie. Sanfte Spiele sind daher kein Ausgleich für eine ansonsten rigide Pädagogik. Sie finden jedoch ihren Platz im Rahmen einer Pädagogik, die sich für die Kinder als konsistent und flexibel zeigt. Gerade angesichts der Belastungen, denen Eltern und Kollegen in den helfenden Berufen heute ausgesetzt sind, sind wir von den immensen Vorteilen einer Pädagogik überzeugt, die unterwegs ist. Das schließt nicht aus, daß wir unser Vorgehen an wissenschaftlichen und praktischen Grundsätzen orientieren. Einige meines Erachtens nützliche Beobachtungen und Schlußfolgerungen habe ich in diesem Abschnitt zusammengestellt. Sie sind keineswegs neu. Gleichwohl geraten sie häufig in Vergessenheit. Vielleicht liegt das daran, daß einige dieser Grundsätze gut mit dem Kopf, andere wieder eher mit dem Herzen aufgenommen werden können. Das also sind jene pädagogischen »Grundsätze«, an denen sich die sanften Spiele orientieren:

— Kinder haben früh den Wunsch, frei zu sein, selbst zu entscheiden, selbst zu wählen. Wenn Kinder sich frei genug fühlen, lernen sie gern und leichter. Daher müssen im Alltag der Kinder in ausreichendem Maße Lernsituationen enthalten sein, wo die Kinder ein hohes Maß an Freiheit in der Gestaltung ihres Lernprozesses haben und wo die Kontrolle der Ergebnisse weitgehend bei ihnen selbst liegt.

— Kinder müssen lange, lange (bis ins frühe Erwachsenenalter hinein) lernen, mit ihrem Körper vertraut zu werden, mit allen Teilen ihres Körpers.

— Kinder benötigen eine achtungsvolle Einstellung zum eigenen Körper. Die kognitiven Lernprozesse des Kindes, seine physiologischen Funktionen, Gesundheit und Krankheit, all das hängt von der Einstellung des Kindes zu seinem Körper ab.

— Unser Körper ist weiser als wir es wissen. Und Kinder sind viel bereiter als Erwachsene, auf die Weisheit ihres Körpers zu hören.

— Kinder sind kreativ und lieben ihre Kreativität. Im Laufe der Zeit (und leider auch durch uns Erwachsene) entwickeln auch Kinder rigide geistige Haltungen. Gute Pädagogen helfen, solche einschränkenden mentalen Sets aufzulösen, indem sie die intuitive Seite des Kindes ansprechen.

— Kinder lernen am besten aus einfachen Erfahrungen und weniger durch theoretische Betrachtung. Ihr Lernprozeß entfaltet sich in vielen kleinen Schritten, selten in großen Durchbrüchen.

— Kinder möchten vor allem Selbstvertrauen lernen: wissen, daß sie sich auf sich selbst verlassen können. Sie vertrauen leichter als Erwachsene auf ihr Unbewußtes, das ihnen oft die wichtigen Informationen geben kann, so daß sie das Richtige zum rechten Zeitpunkt tun können.

— Verspannungen, Verkrampfungen, Funktionsstörungen werden vom Unbewußten ausgelöst. Folglich muß auch das Unbewußte an der Auflösung solcher Symptome mitwirken. (Bei vielen sanften Spielen kann das Bewußtsein zurücktreten und dem Unbewußten die Regie überlassen. Das Unbewußte kennt die Lösung der meisten unserer Probleme und ist sehr kooperationsbereit.)

— Jedes Kind hat andere Körperteile und Körperzonen, die für Verspannungen besonders anfällig sind.

— Jedes Kind lernt anders, versteht anders, reagiert anders, entwickelt andere Symptome bei Überlastungen.

— Es ist wichtig, daß Kinder immer wieder Situationen erleben, in denen sie eine neue Balance zwischen den verschiedenen Systemen ihres Organismus herstellen können, zum Beispiel zwischen Körper, Bewußtsein, Unbewußtem und Gefühl.

— Beim Spielen und Lernen in Gruppen verlieren (nicht nur) Kinder ihren persönlichen Rhythmus leichter, als wenn sie sich in informellem Rahmen bewegen. Hier sind "transitorische" Aktivitäten besonders wertvoll, die zwischen verschiedenartigen Spiel- oder Arbeitssequenzen eine innere Re-Orientierung und Sammlung ermöglichen (eine der wichtigen Funktionen der sanften Spiele).

— Damit Kinder glückliche und flexible Erwachsene werden können, müssen sie lernen, daß sie etwas für ihr eigenes Wohlbefinden tun können (Es genügt nicht, daß sie ihren Plattenspieler zu bedienen verstehen).

— Kinder müssen oft genug die Chance haben, etwas zu tun, bei dem sie viel von dem anwenden können, was sie längst beherrschen. Solche eigenen Aktionen geben mehr Selbstwertgefühl als die Reproduktion von Werten, Ideen, Theorien, Konzepten.

— Kinder schätzen Lernsituationen, die divergentes Denken gestatten, d.h. in denen das Unbewußte eine Menge denken, erledigen und Schlüsse ziehen kann.

— Kinder schätzen Erwachsene, die Respekt vor dem Unbewußten, vor Intuition und Phantasie haben.

— Kinder sind viel aufgeschlossener als Erwachsene für Metaphorik, Symbolik, Phantasie und Ritual.

Sie werden später immer wieder bemerken, daß sich sehr viele der sanften Spiele an diesen Grundsätzen orientieren. Auf einen sehr viel einfacheren Nenner gebracht, basieren die Spiele auf folgendem Bauplan:
Sie regen die Zusammenarbeit zwischen Unbewußtem und Bewußtsein an; sie beziehen den Körper ein; sie provozieren ungewöhnliche Bewegungen/Bewegungsabläufe des Körpers und der Phantasie. Die vielfach metaphorisch angelegten Spiele ermöglichen neben den erwünschten physiologischen Veränderungen vor allem eine innere Reaktion, die dem Kind überhaupt nicht bewußt werden soll. Oft verzichten wir auf alle Suggestionen und Vorschläge, nach dem Muster: »Fühle dich entspannt...« Es ist vollkommen ausreichend, wenn sich das Kind tatsächlich entspannt und zentriert. Jedes Kind kann auf seine Weise die für seine Person wichtigen Schlüsse aus seiner Spielerfahrung ziehen. Die Wirkung

der Kur können Sie am besten am Verhalten der Kinder, an ihren Gesichtern, an ihrer Stimmung ablesen.

3. Ziele und Methoden

Wenn Sie als Gruppenleiter oder Elternteil häufig genug mit Ihren Kindern sanfte Spiele ausprobieren, dann geben Sie dem einzelnen Kind eine faire Chance, etwas Kostbares zu lernen. Es kann nämlich (über die aktuelle Situation hinaus) lernen und immer tiefer davon überzeugt sein, daß es den Rhythmus des eigenen Lebens kontrollieren kann, daß es in der Lage ist, sich bei aller inneren und äußeren Turbulenz und Belastung zu sammeln, zu erholen, wieder die eigene Mitte zu finden.

Und Kinder lernen diese wichtige Überlebenstechnik, die die Voraussetzung ist, um mit Streß und all den Grobheiten des Alltags zurechtzukommen, am leichtesten durch häufiges, beiläufig arrangiertes Üben. Dann können sie erfahren, daß es für sie möglich ist,

— sich jederzeit zu entspannen und zu erfrischen;
— sich unterhaltsame Pausen zu verschaffen (auch ohne Süßigkeiten oder Drogen);
— ihre Energie zu erneuern und zu fokussieren;
— die unterschiedlichen Aspekte ihrer Existenz (Körper, Geist, Gefühl) auf angenehme Weise zusammenwirken zu lassen;
— ein hohes Maß an Kreativität und Erfindungsgabe zu realisieren;
— sich auf immer wieder andere und interessante Weisen zu konzentrieren;
— ihre Beziehungen zu anderen, zu Kindern und Erwachsenen, lebendiger und natürlicher zu gestalten;
— Selbstwertgefühl und Lebensfreude zu schützen und auszudehnen.

Alle diese Ziele können erreicht werden, weil in den sanften Spielen nicht nur das Bewußtsein der Kinder angesprochen wird, sondern immer auch ihr Unbewußtes, ihre Intuition, ihre Phantasie, all das, was sie im Laufe ihres Lebens gelernt und in der großen Bibliothek ihres Geistes gespeichert haben. Und es ist diese Kombination von Bewußtem und Unbewußtem, die den Kindern gestattet, Kontakt aufzunehmen mit ihrem ganz persönlichen inneren Leben, ihrem individuellen Selbst. Das Kind kann jenen geheimen Platz in sich spüren, an dem es fröhlich sein kann, selbstbewußt, kompetent, mitfühlend, natürlich, spontan, individuell, friedlich und entspannt.

Die sanften Spiele haben in der Regel eine einfache Struktur, so daß es für die Kinder leicht ist, mitzumachen. Sie knüpfen mit ihrer Metaphorik und Handlungsstruktur an die Lebenserfahrung der Kinder an und beinhalten fast immer ein symbolisches, metaphorisches oder rituelles Element, das dem Unbewußten einen produktiven Anknüpfungspunkt und Stimulus gibt. Die sanften Spiele stammen aus vielen Quellen: Folklore, Tai Chi, Kum Nye, Gestalt, Phantasie und Psychoimagination, Meditation, Kinderspiel, Massage, New Games etc. Es ist leicht möglich, die Spiele so zu modifizieren, daß sie zu den besonderen Gegebenheiten Ihrer Kinder passen. Damit die angedeuteten heilenden Auswirkungen der sanften Spiele leichter eintreten können, sind einige weitere Dinge zu beachten. Haltung und Vorgehen des Gruppenleiters spielen dabei die wichtigste Rolle.

4. Haltung des Gruppenleiters

Am meisten hilft, wenn Sie die Achtung der Kinder genießen, wenn die Kinder Sie als Person schätzen, Ihre Kenntnisse, Ihre Zuverlässigkeit. Je eher die Kinder Sie zu den nützlichen und freundlichen Erwachsenen zählen können, desto bereitwilliger werden sie Ihren Vorschlägen auf diesem Felde folgen. Damit das einzelne Kind die persönliche Freiheit genießen und benutzen kann, müssen Sie bereit sein, für die Gruppe klare Grenzen zu ziehen und die Einhaltung schützender Spielregeln sicherzustellen.

Um selbst gelassen experimentieren zu können, wünschen sich Kinder die Leitung eines Erwachsenen mit gutem Selbstbewußtsein, der zuversichtlich, freundlich, klar, flexibel und nachsichtig die Gruppe leitet und klare Vorschläge macht. Und natürlich ist es unmöglich, so zu arbeiten, daß wir als Gruppenleiter allen Kindern gleichzeitig ausreichend gerecht werden. Sie wissen das, und die Kinder wissen es auch. Überhaupt sind Erwachsene, die nach Perfektion streben, vielen Kindern suspekt. Aber was unseren Kredit, den die Kinder uns geben können, sehr vergrößert, ist unsere Bereitschaft, eigene Fehler und Ungeschicklichkeiten einzuräumen und daraus zu lernen. Je älter die Kinder werden, desto wichtiger sind Erwachsene für sie, die erkennbar lernen und bemüht sind, ihre Kompetenz locker auszudehnen. Und es wird vermutlich immer Kinder geben, für die irgendeine Aufgabe oder irgendein sanftes Spiel eine zu große Hürde ist, so daß sie blockieren, abbrechen oder irgendwie aus dem Rahmen fallen. Deshalb ist es so wichtig, daß Sie als Gruppen-

leiter durchgängig den Kindern vermitteln, daß Sie als Erwachsener an ihr Potential glauben, ihre Fortschritte bemerken und sich mit den Kindern freuen. Und genauso wichtig wie die Ermutigung der Kinder, ist unsere Bereitschaft, kleinen und großen Kindern (wie uns selbst) Fehler zu gestatten bzw. ihnen zu assistieren, aus den Fehlern zu lernen.
Nun weiß jeder, der täglich mit Kindern zu tun hat, wie anstrengend das sein kann; und wer mit Kindergruppen arbeitet, bemerkt Tag für Tag, wieviel Energie nötig ist, um so viele kleine Persönlichkeiten im Auge zu haben und sinnvoll zu fordern. Die naheliegende Empfehlung, die wir Ihnen geben können, ist die, daß Sie selbst gut für sich sorgen, daß Sie sich vor, während und nach der Arbeit immer wieder regenerieren. Sie können für sich selbst angenehme Mini-Phantasiereisen erfinden, Tagträume, Rituale oder entspannende Bewegungen, die Ihnen helfen, sich zu erfrischen und die eigene Lebensfreude zu kultivieren. Es gibt immer kurze Perioden im Laufe eines Tages, wo es die Gruppe nicht stört, wenn Sie in eine kurze Trance gehen, meditieren, Yoga- oder Tai-Chi-Übungen praktizieren. Und wenn Sie mit sanften Spielen arbeiten, haben Sie häufig Gelegenheit, eine Übung vor- oder auch mitzumachen, so daß Sie auch selbst in den Genuß einer spielerischen Erfrischung kommen.

5. Praktische Hinweise für die Gruppenarbeit

Wann Sie am besten ein sanftes Spiel vorschlagen, das ist in erster Linie von Ihrem persönlichen Fingerspitzengefühl abhängig. Kinder, die Mitglieder formeller Gruppen sind, sollten jeden Tag mindestens einmal Gelegenheit dazu erhalten, sich kreativ auszudrücken, ihre Phantasie auf die Reise zu schicken, sich zu sammeln und zu entspannen. Besonders geeignet sind jene Übergangssituationen zwischen zwei unterschiedlichen Aktivitäten, wo kurze, entspannende Spiele den Kindern helfen können, wieder Kraft zu schöpfen und ihre Aufmerksamkeit neu zu fokussieren. Längere Spiele eignen sich für stille Zeiten, wenn die Kinder ihr Bedürfnis nach temperamentvoller Bewegung befriedigt haben. Oft schätzen die Kinder die sanften Spiele auch zu Beginn oder am Ende der gemeinsam verbrachten Zeit.
Benutzen Sie die Spiele nicht, wenn die Kinder Lust auf heftige Bewegungen haben; sie dürfen nicht als Tranquilizer mißbraucht werden. Am besten folgen Sie der Stimmung der Kinder, ihrem Energieniveau, den Themen, mit denen sich die Kinder beschäftigt haben. Ebenfalls bei der Auswahl der Spiele sind Sie auf Ihr Gespür angewiesen. Wählen Sie

sanfte Spiele, die zur Mentalität Ihrer Kinder passen, zu ihren Vorlieben, zur Gruppengeschichte.

Bedenken Sie, daß kleinere Kinder zwischen 3 und 7 einfache, konkrete, phantasieorientierte Spiele lieben. Größere Kinder zwischen 8 und 12 mögen komplexere, dramatisierte Strukturen. Viele Spiele sind allerdings in gleicher Weise bei kleinen und größeren Kindern populär. Und berücksichtigen Sie die jeweils verfügbare Aufmerksamkeitsspanne der Kinder. Vor allem dürfen Sie Ihre Person, Ihren Charme einsetzen, Ihre Verführungskunst. Sie selbst sind das wichtigste Modell und der Magier, der die Kinder in das Zauberland der Phantasie führt. Sprechen Sie langsam, sanft und leise. Und sprechen Sie zu der stillen Stimme, die in jedem Kind präsent ist und die so gern angesprochen werden möchte.
Gestatten Sie sich, die sanften Spiele nach Vorschlägen Ihrer eigenen Phantasie abzuwandeln oder zu ergänzen. Wenn Sie ein Spiel ausgewählt haben, das nicht ankommt, können Sie das humorvoll quittieren und ein anderes Spiel erproben. Mit der Zeit werden Sie Ihre Wahl aus dem Gefühl heraus treffen, im engen Kontakt mit den inneren Wünschen und Bedürfnissen der Kinder und des Kindes in Ihnen selbst.

Bewegung im Schneckentempo

Hier haben wir eine Fülle von Bewegungsspielen gesammelt. Sie sprechen die natürliche Tendenz der Kinder an, ihren Körper zu benutzen. Dabei transformieren diese sanften Spiele das unglaubliche Energiepotential der Kinder in ruhige, konzentrierte Energie.

Fast alle Spiele enthalten ein Element der Phantasie oder des Rituals und kombinieren es mit langsamen, angenehmen Bewegungsabläufen. Körper und Geist können dabei ruhiger werden, Anspannungen der Muskulatur oder der Blutgefäße gelöst und die Atmung tiefer und langsamer werden.

Im ersten Kapitel wird eine unspezifische Entspannung des ganzen Körpers angeregt. In den folgenden Kapiteln werden einzelne Zonen des Körpers besonders gelockert (Kopf, Rumpf, Arme und Hände, Füße und Beine). Sie können diese Entspannungsspiele u.a. benutzen

- als Auftakt für eine stille Zeit,
- als Brücke von einer lebhaften zu einer ruhigeren Phase der Aktivität,
- nach langem Sitzen (um die Kinder mit neuer Energie zu versorgen und um sie einen neuen Fokus finden zu lassen),
- nach überwiegend kognitiver Tätigkeit zur Einleitung kreativer Aktivitäten

Sie dürfen darauf hoffen, daß die Kinder ein ausgewogeneres, selbstbewußteres Verhalten zeigen, bessere kognitive und kreative Leistungen erbringen, daß sich das Gruppenklima und die Beziehung der Kinder untereinander wohltuend gestalten.

Diese sanften Spiele eignen sich ausgezeichnet auch für »schwierige« Kinder, die seelischem Streß ausgesetzt sind, mit geistigen oder physischen Handicaps belastet oder hyperaktiv bzw. lerngestört sind.

Wenn möglich, benutzen Sie einen ruhigen, mäßig hellen Raum. Viele Aktivitäten können Sie allerdings sogar in möblierten Räumen erproben. Lassen Sie die Kinder mit leiser Stimme sprechen und geben Sie Ihrer eigenen Stimme einen ruhigen, suggestiven Klang, der manchmal auch in ein Flüstern übergehen darf. Wählen Sie Ihr Sprechtempo so, daß es zu den Erlebnismöglichkeiten der Kinder paßt. Die Punkte (...) im Text sollen Sie darauf aufmerksam machen, daß hier ggf. eine kleine Pause von 10 bis 20 Sekunden angebracht ist. Achten Sie auf die Atmung der Kinder und ermuntern Sie ggf. zu einigen tieferen Atemzügen.

Manchmal ist es angebracht, nach einem Spiel von den Kindern zu hören, was sie erlebt haben. Welche Art Feedback Sie einholen, ist eine Frage

von Zeit, Ort und Stimmung.
Und wir wünschen Ihnen selbst viel Vergnügen und angenehme Überraschungen bei der Arbeit mit den sanften Spielen dieses Bandes.

Kapitel 1:
Allgemeine Entspannung

Im Wald 1

Ziele

Wenn die Kinder nach einer Zeit intensiver Beschäftigung noch etwas unruhig sind, ist dies eine beliebte Übung für kleine wie größere Kinder. Sie gibt Gelegenheit, sehr aktiv zu beginnen und dann zu einem langsameren Rhythmus zu kommen und in Ruhe und innerer Stille zu enden. Die verwendete Metaphorik hilft dabei, Körper und Geist zu entspannen, neue Kraft zu schöpfen und eine innere Bereitschaft für die folgenden Aktivitäten zu entwickeln.

Alter

ab 4

Anleitung

Stellt euch vor, daß wir in einem schönen Wald sind, in dem es alles gibt, was wir mögen. Ihr könnt im Wald herumlaufen und euch überall umschauen... Ihr könnt die Bäume sein, deren Zweige der Wind biegt... Ihr könnt das Gras sein, das sich hin- und herbewegt, ihr könnt die Blätter sein, die auf dem Boden rascheln... Ihr könnt die Tiere sein, die durch den Wald laufen... (1 Min.)

Und nun stellt euch bitte vor, daß ihr einem kleinen, niedlichen Tier folgt, das vor euch herläuft. Geht langsam hinter eurem Tier her, so ruhig, daß es keine Angst vor euch zu haben braucht... Setzt euch nun zu eurem Tier auf den Boden und sprecht ganz, ganz leise mit ihm... Wenn ihr wollt, könnt ihr es auch behutsam anfassen... Ich werde herumgehen und jedes Tier vorsichtig streicheln, und ihr könnt mir dann ins Ohr flüstern, welches Tier ihr gefunden habt...

Auswertung

— Wie hat mir das Spiel gefallen?
— Was mag ich an meinem Tier?
— Wie habe ich es geschafft, daß mein Tier zutraulich wurde?

Seltsame Spielzeuge 2

Ziele

Auch hier können die Kinder Entspannung und Ruhe finden, indem sie sich langsamer und langsamer bewegen, bis sie ganz zum Stillstand kommen.

Alter

ab 5

Anleitung

Stellt euch vor, daß wir hier ganz besonderes Spielzeug haben. Ihr kennt alle Spielzeug, das man aufziehen kann, so daß sich das Spielzeug bewegt. Und könnt ihr euch ein Spielzeug vorstellen, dessen Feder man in die andere Richtung drehen kann, so daß sein Laufwerk ganz entspannt ist? Welches Spielzeug möchtet ihr euch gern vorstellen? Eine Laufpuppe? Einen Teddy? Ein Lastauto?...

Ich werde gleich von Kind zu Kind gehen und eure Feder ganz locker machen...

(Gehen Sie bitte herum und drehen Sie die imaginäre Aufzugsfeder jedes Spielzugmotors entgegen dem Uhrzeigersinn einige Male.)

Nun ist euer Motor ganz locker... Ihr habt gerade noch so viel Spannung, daß ihr jetzt mit normaler Geschwindigkeit beginnen könnt, euch zu bewegen. Und dann werdet ihr langsamer und immer langsamer... bis ihr ganz stehenbleibt...

(Gehen Sie bitte am Ende wieder von Kind zu Kind und bitten Sie darum, Ihnen ganz leise zu sagen, in welche Art Spielzeug sich jedes Kind verwandelt hatte.)

Auswertung

— Wie hat mir das Spiel gefallen?
— Was mag ich an meinem Spielzeug besonders?

Hochzeitszeremonie 3

Ziele

Diese sehr hübsche und einfache Bewegungsmeditation hilft den Kindern, in ein ruhiges, gesammeltes Tempo zu kommen. Die vorgeschlagene Metapher unterstützt den Vorgang geistiger Konzentration und Integration vorangegangener Erfahrungen.

Teilnehmer

ab 3

Anleitung

Stellt euch vor, daß ihr alle zu einer Hochzeit eingeladen seid. Ihr tragt Blumensträuße oder - wenn ihr wollt - auch das Samtkissen mit den Ringen des Brautpaares. Und natürlich seid ihr auch sehr hübsch angezogen. Wenn ihr möchtet, könnt ihr auch zu zweit nebeneinander gehen...
Stellt euch bitte zu einem kleinen Hochzeitszug auf...
(Führen Sie die Zeremonie ggf. selbst im passenden Tempo an.)

Auswertung

— Wie hat mir das Experiment gefallen?
— Wer hat geheiratet?
— Was habe ich dabei gedacht?

Zerbrechliche Geschenke 4

Ziele

Die Konzentration auf ein "zerbrechliches" Geschenk inspiriert jedes Kind, aufmerksam und behutsam zu gehen und dabei innere Ruhe und Heiterkeit zu finden.

Teilnehmer

ab 3

Anleitung

Stellt euch vor, daß von euch ein ganz besonderes, ein zerbrechliches Geschenk getragen wird. Geht ganz vorsichtig, damit das Geschenk nicht zerbricht. Überlegt einen Moment, welches Geschenk ihr tragen wollt... Wie wollt ihr es halten?...Für wen soll das Geschenk sein?... Wohin wollt ihr es tragen?...

Beginnt bitte, mit eurem Geschenk herumzugehen... (1-2 Minuten)

Auswertung

— Wie hat mir das Spiel gefallen?
— Welches Geschenk habe ich ausgesucht?
— Für wen war das Geschenk?

Zaubergeschenk 5

Ziele

Hier können sich die Kinder von ihrer eigenen Phantasie verzaubern lassen und etwas suchen, was für jeden befriedigend ist. So kann konzentratives Gehen für Kinder jedes Alters ein Genuß werden.

Teilnehmer

ab 3

Anleitung

Stellt euch vor, ihr habt ein Paar Zauberschuhe geschenkt bekommen. Wenn ihr diese Schuhe angezogen habt, werdet ihr etwas finden, was sonst nicht so leicht zu entdecken ist. Zieht eure Zauberschuhe an und stellt euch vor, daß ihr in einer großen Höhle seid, in der alle möglichen Dinge sind, Altes und Neues. Manches ist gleich zu sehen, anderes ist noch versteckt. Geht langsam, langsam mit euren Zauberschuhen durch die Höhle und sucht etwas, was ihr gern finden möchtet. Was möchtet ihr finden?... Wo?...

Ihr könnt euch dann mit eurem Fund auf den Boden setzen und ihn untersuchen... (2 Minuten)

(Gehen Sie dann von Kind zu Kind und lassen Sie sich ins Ohr flüstern, was jedes Kind entdeckt hat.)

Auswertung

— Wie hat mir das Spiel gefallen?
— Was habe ich gesucht?
— Was habe ich gefunden?
— Wie sahen meine Zauberschuhe aus?

Kleines, niedliches Tier 6

Ziele

Diese einfache Bewegungsmeditation kommt dem Bedürfnis der Kinder entgegen, immer wieder auch zärtliche Empfindungen auszudrücken.

Teilnehmer

ab 3

Anleitung

Stellt euch vor, daß es für jedes Kind hier ein kleines niedliches Tier gibt. Welches Tier wünscht ihr euch hierher?... Geht ganz langsam hinter eurem Tier her, damit ihr es nicht erschreckt... (1 Minute)
Jetzt könnt ihr euch zu eurem Tier setzen oder legen und es behutsam streicheln. Vielleicht könnt ihr es auch in den Arm nehmen und mit ihm schmusen... (1-2 Minuten)

Auswertung

— Wie hat mir das Spiel gefallen?
— Welches Tier habe ich mir ausgesucht?

Ein Baby, das wächst 7

Ziele

Wenn die Kinder lange gesessen und eine Periode konzentrierter Beschäftigung abgeschlossen haben, hilft dieses Experiment bei einer angenehmen Erholung und Refokussierung der Aufmerksamkeit.

Alter

ab 6

Anleitung

Stellt euch vor, daß ihr ein neugeborenes Baby seid. Dazu könnt ihr euch auf den Bauch legen...
Noch seid ihr erst einen Tag alt, und wenn ich gleich ganz langsam bis sechs zähle, dann werdet ihr sechs Monate alt und könnt schon knien. Dann werde ich ganz langsam weiterzählen bis zwölf, und ihr werdet dann zwölf Monate alt sein, also ein Jahr, und dazu könnt ihr euch mit geradem Rücken langsam auf eure Füße stellen und ganz aufrecht stehen, wenn ich bei zwölf angekommen bin.
Vergeßt nicht, langsam ein- und auszuatmen, während ihr größer werdet. Und wir können uns vorstellen, daß wir mit einer besonderen Filmkamera gefilmt werden, die in nur einer Minute zeigen kann, wie sehr ein Baby in einem ganzen Jahr wächst. Okay?
Eins, zwei...
(Wiederholen Sie ggf. die Anweisungen in Kurzform. Machen Sie eine Pause von 10 bis 15 Sekunden, wenn Sie bei sechs angekommen sind.)
Nun können wir uns vorstellen, daß der Film langsam zurückläuft. Ich werde gleich von zwölf bis sechs rückwärts zählen, und ihr geht dann langsam wieder hinunter auf eure Knie. Dann zähle ich weiter rückwärts von sechs bis eins, und ihr liegt dann wieder auf eurem Bauch am Boden. Und erinnert euch gut daran, langsam zu atmen, wenn ihr euch bewegt.
Zwölf, elf...

Auswertung

— Wie hat mir das Spiel gefallen?
— Was ist mir dabei eingefallen?

Kleine Feder 8

Ziele

Die folgenden fünf Experimente sind ausgezeichnete Brücken, um unterschiedliche Aktivitäten der Kinder miteinander zu verbinden. Mit geringem Zeitaufwand helfen sie den Kindern, sich zu entspannen und ihre Aufmerksamkeit neu zu konzentrieren. Sie können diese Experimente schon mit ganz kleinen Kindern erproben.

Teilnehmer

ab 3

Anleitung

Stellt euch vor, daß ich eine einzelne kleine Feder bin. Seht, wie ich in die Luft emporschwebe...
(Demonstrieren Sie dies bitte, indem Sie Arme und Kopf nach oben schwingen lassen.)
Dann sinke ich langsam, langsam auf den Boden...
(Demonstrieren Sie auch diesen Vorgang.)
Und dort werde ich gemütlich einschlafen...
Und nun verwandelt euch alle in kleine Federn, die gleich hinauf- und dann allmählich hinabschweben werden. Gebt eurer Feder eine Farbe, die euch gefällt... Und bleibt dann am Boden liegen. Ich werde herumgehen und schlafende Federn suchen. Ich habe euch gefunden, wenn ich leicht euren Kopf berühre. Dann werdet ihr aufwachen und erfrischt sein für das, was wir dann tun wollen.
Seid nun eure Feder...

Auswertung

— Wie hat mir das Spiel gefallen?
— Welche Farbe gab ich meiner Feder?

Kerze 9

Ziele

Wie im vorangehenden Experiment gibt die absinkende Bewegung und die kurze Rast am Boden den Kindern eine kurze und nachhaltige Ruhepause, die im Erleben viel länger ist als die dazu benötigte Zeitspanne.

Teilnehmer

ab 3

Anleitung

Stellt euch vor, daß jeder von euch eine Kerze ist, die nachts brennt. Haltet eure gefalteten Hände bitte über den Kopf - sie sind eure Flamme. Und stellt euch bitte ganz kerzengerade hin... Welche Farbe soll eure Kerze haben?... Wie groß soll die Flamme sein?...

Ihr brennt jetzt schön hell! Wie gern sehen wir euer Licht! Es scheint warm in der dunklen Nacht, und langsam, langsam brennt eure Kerze ab, tiefer und tiefer, bis der kleine Rest geschmolzen am Boden liegt und eure Flamme verloschen ist...

(Beginnen Sie diese letzten Sätze in einer relativ hohen Tonlage und senken Sie Ihre Stimme immer tiefer ab.)

Bleibt geschmolzen ein paar Augenblicke auf dem Boden, damit ihr anschließend neu aufstehen könnt für das, was wir dann tun wollen...

Auswertung

— Wie hat mir das Spiel gefallen?
— Was für eine Kerze habe ich mir vorgestellt?

Uhr 10

Ziele

Hier geben Sie mit einfachen Sätzen das Decrescendo vor, dem die Kinder folgen, um ihren inneren Rhythmus neu zu justieren. Geben Sie Ihrer Stimme die angenehme Resonanz eines großen Uhrgehäuses.

Teilnehmer
ab 3

Anleitung
Stellt euch vor, wir verwandeln uns jeder in eine alte Uhr. Wir können dabei stehen, mit auseinandergestellten Füßen und dann vor- und zurückschwingen.
Tick-Tack, Tick-Tack, Tick-Tack, die Uhr geht den ganzen Tag. Tick-Tack, Tick-Tack, fleißig bei der Arbeit, fleißig beim Spiel...
(Werden Sie bei all diesen Sätzen langsamer und langsamer.)
Tick-Tack, Tick-Tack, es ist Zeit, auf unsere innere Uhr zu hören... Tick-Tack, Tick-Tack... Unsere innere Uhr sagt uns, daß wir ausruhen können... Haltet eure Uhr ein paar angenehme Augenblicke lang an und ruht euch aus, wie eine Uhr, deren Uhrwerk abgelaufen ist...

Auswertung
— Wie hat mir das Spiel gefallen?
— Welche Uhr habe ich mir vorgestellt?

Rakete *11*

Ziele
Wenn in den Kindern noch eine Menge Rest-Energie von der letzten Aktivitätsphase steckt, dann dürfen Sie getrost auf diese technisch inspirierte Bewegungsphantasie zurückgreifen, um für Entspannung und neue Aufmerksamkeit zu sorgen.

Teilnehmer
ab 5

Anleitung
Stellt euch vor, daß ihr etwas ganz Kompliziertes seid... ihr seid nämlich eine Rakete. Steht raketengerade, die Hände über dem Kopf gefaltet,

damit eure Rakete auch eine richtige Spitze hat... Ihr seid eine Weltraumrakete, die zum Mond geflogen ist. Ihr fliegt durch den Weltraum, und ihr wißt, daß ihr mittags zur Erde zurückkehren müßt. Ich werde gleich anfangen zu zählen, und bei jeder Zahl atmet ihr ein und aus. Und bei »Null« startet ihr euren Raketenmotor und fliegt blitzschnell hinunter auf die Erde, bis ihr mit eurem Tank am Boden liegenbleibt, wo sich die Rakete ausruhen kann. 10-9-8-7-6.....2-1-0-Start!...

Auswertung

— Wie hat mir das Spiel gefallen?
— Wie war der Rückflug?

Heißluftballon 12

Ziele

Besonders für Kinder, die schon einmal den Flug eines großen Ballons bestaunt haben, ist dies eine passende kurze Bewegungsphantasie, die auf angenehme Weise entspannt.

Teilnehmer

ab 4

Anleitung

Stellt euch vor, daß ihr ein großer, schöner Heißluftballon seid, der weit, weit über das Land fliegen kann. Steht ganz gerade und haltet die Arme in einem Kreis über eurem Kopf. Ich werde gleich von eins bis zehn zählen. Und bei jeder Zahl atmet ihr ein und aus und spürt, wie euer Ballon mehr und mehr mit angenehm warmer Luft gefüllt wird. Und macht dabei eure Arme weiter und weiter, bis ihr bei zehn ganz gefüllt sein werdet.

1-2-3-4-...8-9-10. Nun könnt ihr hoch in den Himmel fliegen, bis sich die Luft in eurem Ballon abkühlt und ihr tiefer und tiefer hinabsinkt, bis ihr wieder auf dem Boden landet. Dabei holt ganz tief Luft und laßt die Luft aus eurem Ballon mit einem zischenden Geräusch heraus, etwa so: schschsch...

Und laßt euren Ballon dann am Boden zur Ruhe kommen. Gebt euch eine kleine Verschnaufpause, um danach erfrischt aufzustehen...

Auswertung

— Wie hat mir das Spiel gefallen?
— Wie sah der Ballon aus, den ich mir vorgestellt habe?

Hart und Weich 13

Ziele

Für ältere Kinder, die ihre Kraft bewußt genießen können, ist dies eine Gelegenheit, das Wechselspiel von Anspannung und Entspannung bewußt und im Crescendo zu praktizieren. Das Spiel ist besonders gut als Auftakt für eine herausfordernde Aktivität.

Teilnehmer
ab 8

Anleitung

Ich möchte euch zu einem Spiel einladen, das "Hart und Weich" heißt.
Bitte stellt euch so hin, daß ihr um euch herum etwas Platz habt...
Wie könnt ihr euren Körper hart machen? Zeigt es uns... Und wie könnt ihr euren Körper weich machen? Zeigt es uns...
Okay, ihr habt mich verstanden.
Jetzt können wir richtig beginnen. Macht euch jetzt ganz hart und bleibt so für ein paar Augenblicke... (6 Sekunden)
Dankeschön, stoppt und seid einen Augenblick weder hart noch weich...
Macht euch nun ganz weich und bleibt so ein paar Sekunden lang... (6 Sekunden)
Nun stoppt wieder genau in der Mitte zwischen hart und weich...
Und nun macht euch noch härter als beim ersten Mal. Benutzt einen großen Teil eurer Kraft, um euch noch härter zu machen... (6 Sekunden)
Nun stoppt wieder und laßt locker. Spart eure Kraft auf. Seid wieder in der Mitte...

Jetzt macht euren Körper zur Belohnung noch etwas weicher als beim ersten Mal... Wie könnt ihr euch noch weicher und beweglicher machen?... (6 Sekunden)
Stoppt und geht vor der letzten Runde wieder in die Mitte...
Macht euch nun so hart, wie es überhaupt nur geht. Benutzt fast all eure Kraft... (6 Sekunden)
Stoppt und holt ein paarmal tief Luft in der Mitte zwischen hart und weich...
Und nun macht euch superweich... weich wie Wasser, wie ein leiser Klang, wie eine kleine Feder... Wie könnt ihr euch so weich machen?... (6 Sekunden)
Stoppt und atmet wieder tief ein und aus...
Kommt bitte auf euren Platz zurück...

Auswertung

— Wie hat mir das Spiel gefallen?
— Wie fühle ich mich jetzt?
— Was ist mir dabei in den Sinn gekommen?

Zauberfeder 14

Ziele

Dieses Spiel hat magische Kraft, das Interesse der Kinder zu fesseln. Sie lieben es, sich auf überraschende Weise vom Gruppenleiter berühren zu lassen und soviel persönliche Aufmerksamkeit zu bekommen. Die Feder ist eine schöne Metapher für die Art und Weise, wie Kinder von Erwachsenen behandelt werden möchten - leicht und liebevoll.
Wenn Sie das Experiment wiederholen, können verschiedene Kinder Ihre Rolle übernehmen.

Teilnehmer

ab 4

Requisiten
Eine lange Feder mit kräftigem Kiel. Ein Bleistift mit Radiergummi ist eine akzeptable Alternative.

Anleitung
Ich möchte mit euch ein Spiel spielen, das »Zauberfeder« heißt. Dies ist die Zauberfeder...
Wer von ihr berührt wird, wird an dieser Stelle seines Körpers etwas Überraschendes erleben. Bitte setzt euch im Kreis hin... Und das Kind, bei dem ich stehenbleibe, wird die Augen schließen und vielleicht neugierig sein, an welcher Stelle ich es mit der Feder berühre. Und wenn ich es berührt habe, wird das Kind ganz langsam eine Hand nehmen und mit einem Finger diese Stelle noch einmal berühren, ganz federleicht. Und dann kann es die Augen öffnen.
Und die doppelt berührte Stelle kann sich ganz unterschiedlich fühlen, warm oder kühl, wach oder schläfrig, groß oder klein, so wie es zu euch paßt.
Habt ihr verstanden, wie das geht?...
(Geben Sie jedem Kind Feedback, wie genau es die Stelle wiedergefunden hat, die Sie zuvor ausgewählt haben. Wählen Sie für jedes Kind eine Stelle aus, die Ihnen geeignet erscheint, um dem speziellen Kind eine angenehme Erfahrung zu ermöglichen.
Und lassen Sie kein Kind aus. Und natürlich sind die Kinder sehr neugierig, wie Sie vorgehen, in welcher Reihenfolge die Feder zaubert etc.)

Auswertung
— Wie hat mir das Spiel gefallen?
— Was ist mir dabei eingefallen?

Eispalast 15

Ziele

Für ältere Kinder ist dies eine reizvolle Metaphorik mit dramatischen Akzenten. Achten Sie darauf, daß alle Kinder aus dem Eispalast herauskommen und das Feuer erreichen.

Teilnehmer

ab 8

Anleitung

Stellt euch vor, ihr träumt, daß ihr in einem Eispalast seid. Dort ist alles aus Eis, und es funkelt und glitzert. Überall sind Eisblumen, Eiszapfen, Eiskristalle. Und ihr geht durch die prächtigen Räume und schaut euch alles an. Und eins wißt ihr ganz sicher: Wer zu lange in diesem Eispalast bleibt, wird ebenfalls zu Eis. Denn je länger ein Besucher durch diesen Eispalast geht, desto kälter wird ihm. Zum Glück wißt ihr, daß es einen Ausgang gibt. Ihr könnt gleich durch den Eispalast gehen, euch alles ansehen und dann euren Ausgang suchen und hinausgehen. Auf der anderen Seite des Eispalastes brennt ein großes Feuer, das warm leuchtet. Dort könnt ihr euch anschließend aufwärmen.
Beginnt nun, durch den Eispalast zu gehen. Spürt, wie es immer kälter wird. Ich zähle von zehn rückwärts bis eins. Und wenn ich bei eins bin, verlaßt alle den Eispalast und stellt euch ans Feuer, um euch dort aufzuwärmen.
10-9-8-...

Auswertung

— Wie hat mir das Spiel gefallen?
— Was habe ich im Eispalast erlebt?

Federleicht 16

Ziele

Dies ist eine Variation von Experiment 8, die für ältere Kinder besonders reizvoll ist.

Teilnehmer

ab 8

Requisiten

Eine kleine Daunenfeder, die etwa 6 Sekunden braucht, um aus einer Höhe von zwei Metern auf dem Boden zu landen.

Anleitung

Ich möchte mit euch ein Spiel ausprobieren, das »Federleicht« heißt. Wißt ihr, warum Federn leicht sein müssen?.... Wann habt ihr euch zuletzt federleicht gefühlt?... Und kennt ihr das Gegenteil? Wann habt ihr euch zuletzt »schwer wie Blei« gefühlt?...

Ich möchte euch etwas zeigen...(Lassen Sie die Feder aus etwa zwei Meter Höhe zu Boden gleiten.)

Gefällt euch der Flug der Feder?...

(Wiederholen Sie den Vorgang und zählen Sie die Sekunden des Fluges, eins-zwei-drei...sechs.)

Solange braucht eine Feder, um am Boden anzukommen. Stellt euch vor, daß ihr selbst eine kleine Feder seid, die aus dem Flügel eines Vogels fällt, der durch die Luft fliegt. Entscheidet, von welchem Vogel eure Feder kommt. Und probiert gleich aus, ganz, ganz langsam zu Boden zu schweben, volle sechs Sekunden lang. Ich zähle dabei laut mit. Bei drei könnt ihr die Hälfte eures Fluges zurückgelegt haben, und bei sechs ruht ihr euch am Boden aus, leicht und locker wie diese Feder.

Und unser langsamer Flug beginnt... eins...zwei...

Auswertung

— Wie hat mir das Spiel gefallen?
— An welchen Vogel habe ich gedacht?
— Was ist mir beim Flug zu Boden eingefallen?

Riese und Zwerg 17

Ziele

Kinder mögen mythologische Anspielungen und Figuren, die ihren eigenen Entwicklungsprozeß andeuten und begleiten. Und für viele Kinder ist es ein Genuß, sich mit den Zwergen zu identifizieren, mit ihrer Leichtigkeit und Geschicklichkeit. Sich wie ein Riese zu bewegen, hat zwar manche Vorteile, ist jedoch auch anstrengend...

Teilnehmer

ab 6

Anleitung

Ich möchte mit euch ein Spiel ausprobieren, das »Riese und Zwerg« heißt. Wer ist eurer Meinung nach glücklicher: ein Riese oder ein Zwerg?...

Okay, steht bitte auf und stellt euch so hin, daß ihr genug Platz habt. Schließt die Augen, wenn ihr wollt, und denkt an Riesen, die ihr kennt oder die ihr erfindet. Welche Riesen wollt ihr euch vorstellen?... Goliath? King Kong? Rübezahl?... Stellt euch nun wie ein richtiger Riese hin. Werdet immer größer... noch größer... und geht nun wie ein Riese umher, langsam und so vorsichtig, daß auch die anderen Riesen genug Platz haben... (20 bis 30 Sekunden)

Stoppt und schüttelt Arme und Beine etwas aus...

Denkt nun an Zwerge, die ihr kennt oder die ihr erfindet. Welche Zwerge wollt ihr euch vorstellen? Die sieben Zwerge? ET? Kermit? Wen sonst?...

Seid nun ein kleiner und flinker Zwerg. Gebt euch sein leichtes Gewicht und seine überraschenden Bewegungen... Beginnt als Zwerg umherzugehen und nutzt es aus, daß jetzt viel Platz im Raum ist... (20 bis 30 Sekunden)

Stoppt und schüttelt Arme und Beine aus... Und wenn ihr auf euren Platz zurückkehrt, könnt ihr bemerken, welche Vorteile eure wirkliche Körpergröße hat...

Auswertung

— Wie hat mir das Spiel gefallen?

— Welchen Riesen und welchen Zwerg habe ich mir vorgestellt?

Ziele

Kinder üben auch für sich allein immer wieder, ihre Bewegungen plötzlich anzuhalten und regungslos zu verharren. Dieses Manöver kann sie in eine leichte Trance bringen, so daß sie sich selbst und die Umgebung aus einer veränderten Perspektive erleben. Gleichzeitig spüren sie ihre Kompetenz, ihre Fähigkeit zur Selbstbeherrschung und Konzentration. Und sie genießen die anschließende Lösung, wenn sie ihre körperliche Beweglichkeit zurückgewinnen.
An diese Disposition knüpft das Spiel an.

Teilnehmer

ab 6 Jahren

Anleitung

Ich möchte euch zu einem Spiel einladen. Wir brauchen dafür genügend Platz, damit sich jeder frei bewegen kann. Und ihr könnt ausprobieren, ob ihr gute Bremsen habt. Wenn ich »Stop!« rufe, dann gefriert bitte mitten in der Bewegung. Vielleicht ist noch ein Fuß in der Luft, ein Arm erhoben, ein Mund geöffnet. Bleibt genau in der Stellung, in der ihr »Stop!« hört. Wer von euch kann uns das zeigen?...
(Lassen Sie ein Kind herumgehen und auf Ihr Stop-Signal plötzlich gefrieren.)
Ihr könnt das schnelle Anhalten gleich üben. Und bleibt dann bitte so lange unbeweglich, bis ich von eins bis sechs gezählt habe. Steht still, wie aus Eis. Und wenn ich bis sechs gezählt habe, könnt ihr euch wieder bewegen. Beginnt, im Raum herumzugehen, wie ihr es kennt, wenn ihr hierherkommt... Stop! Eins-zwei-drei-vier-fünf-sechs. Und nun geht weiter herum wie ein Clown im Zirkus, der sehr, sehr große Schuhe anhat... Stop! Eins...
Nun geht herum wie ein großer träger Eisbär, der auf den Hinterbeinen geht...
Nun geht herum wie ein Akrobat, auf dessen Kopf ein anderer Akrobat einen Kopfstand macht...
Und nun trabt herum wie ein schweres Dressurpferd, auf dessen Rücken ein Reiter Kunststücke machen möchte...

Und zum Schluß seid nun ein Känguruh mit kräftigen Hinterbeinen und zierlichen Vorderpfoten...Stop! Eins...
Schüttelt Arme und Beine aus und kehrt an euren Platz zurück...

Auswertung

— Wie hat mir das Spiel gefallen?
— Was war ich am liebsten?

Honigfeld 19

Ziele

In dieser wunderschönen Bewegungsphantasie können ältere Kinder sich durch langsame, genußvolle Bewegungen entspannen. Die verwendete Metapher spricht in seltener Weise alle Sinne der Kinder an.

Teilnehmer

ab 6

Anleitung

Ich werde euch eine kleine Geschichte erzählen, und ihr könnt danach noch einmal in eurem eigenen Tempo durch die Geschichte hindurchgehen.
Wenn ihr mögt, schließt die Augen...
Stellt euch vor, daß ihr über ein riesiges Feld geht, das ganz mit Honig bedeckt ist. Der Honig glitzert in der Sonne. Er ist so tief, daß er euch bis über eure Knie reicht, wenn ihr mit bloßen Füßen über das Feld geht. Und der Honig ist warm und cremig auf eurer Haut. Der Honig fühlt sich weich und sanft an, wenn ihr eure Beine hochzieht, um hindurchzugehen... Der Honig ist so dick, daß ihr nur ganz langsam gehen könnt. Sehr, sehr langsam...
Eure Beine gehen hoch und hinunter, sehr langsam, wenn ihr über das Feld geht. Stellt euch vor, wie ihr auf- und niedergleitet, wenn ihr durch das Honigfeld geht... Und spürt den dicken Honig in der Luft, sein besonderes Aroma, seinen Duft... Und wenn ihr wollt, könnt ihr auch von

dem Honig naschen...
Und nun steht bitte auf und öffnet die Augen... Geht nun in eurem eigenen Tempo ohne meine Stimme durch das Honigfeld... (1 bis 2 Minuten) Und nach einer langen, langen Zeit erreicht ihr das Ende des Honigfeldes... Setzt euch am Rand des Feldes auf den Boden. Ich werde herumgehen, und ihr flüstert mir ins Ohr, wie ihr euch fühlt...

Auswertung

— Wie hat mir das Spiel gefallen?
— Was ging mir dabei durch den Sinn?

Sekundenraten 20

Ziele

Entspannung und Konzentration werden hier auf originelle und für ältere Kinder sehr reizvolle Weise angeregt. Hier kann jedes Kind auf seinem Platz bleiben.
Variieren Sie die Zahl der Sekunden, die zu zählen sind. Lassen Sie die Uhr später auch von Kindern der Gruppe bedienen. Und geben Sie dem Bemühen jedes Kindes Anerkenung, nicht dem Erfolg. Sie dürfen keine Präzision erwarten.

Teilnehmer

ab 8

Requisiten

Eine größere Uhr (Wecker o.ä.) mit einem Sekundenzeiger, eine Stoppuhr oder ein Küchenwecker.

Anleitung

Wer von euch weiß, wie oft sein Herz in der Minute schlägt?... Wessen Herzschlag ist gerade langsam? Wessen Herzschlag ist gerade schnell?... Und wißt ihr, wie oft sich der Sekundenzeiger dieser Uhr in der Minute bewegt?... Und wieviele von euch können abschätzen, wann zehn Sekun-

den vergangen sind?...
Einer von euch kann gleich ausprobieren, ob er im Takt mit der Uhr die Sekunden abzählen kann, auch wenn er das Ziffernblatt nicht sieht. Ich werde meine Hand davorhalten. Wenn ich »Los!« sage, kann das Kind die Sekunden laut oder leise zählen, also z.B.:»Ein Schimpanse, zwei Schimpansen, drei Schimpansen...« Wenn das Kind glaubt, daß zehn Sekunden um sind, steht es einfach auf, und ich nehme meine Hand vom Ziffernblatt. Wir können dann sehen, wie genau das Kind der Uhr gefolgt ist.
Habt ihr verstanden, wie das geht?...

Auswertung

— Wie hat mir das Spiel gefallen?
— Was ist mir dabei eingefallen?

Wüstenpatrouille 21

Ziele

Die Kinder lieben dieses Spiel, bei dem sie den Rhythmus der Entwicklung und den Zeitpunkt des Endes selbst kontrollieren.

Teilnehmer

ab 6

Anleitung

Stellt euch vor, wir sind alle Mitglieder einer Wüstenpatrouille. Wir haben unsere Wüstenautos verlassen, weil wir kein Benzin mehr haben. Nun gehen wir durch den tiefen Sand, langsam, langsam, um unsere Kräfte zu schonen... Ab und zu bleiben wir stehen, um uns zu erholen, einen Schluck Wasser zu trinken, von dem wir zum Glück genug haben... Wir wissen, daß wir zusammenbleiben müssen, damit niemand verlorengeht. Und wir sind uns sicher, daß in der Nähe eine Oase ist, mit einem kleinen Teich, Dattelpalmen und einem kleinen arabischen Dorf. Dort können wir ausruhen und Hilfe holen. Wer von uns wird die Oase als

erster entdecken?...
Und wir werden gleich unseren langsamen Weg durch den Wüstensand beginnen. Und dabei gehen wir durch den tiefen, warmen Sand, aus dem wir unsere Füße immer herausziehen müssen. Es wird ganz still sein. Und wenn jemand von uns laut sagt:»Pause!«, dann bleiben wir alle auf der Stelle ruhig stehen, erfrischen uns, holen vielleicht tief Luft, seufzen ein paarmal, recken und strecken uns, stellen uns vor, daß wir ein paar Schluck Wasser trinken. Und erst wenn jemand von uns »Weiter!« sagt, setzen wir unseren Weg fort und gehen so lange weiter, bis wieder jemand »Pause!« ruft. Und jeder von uns darf zu jeder Zeit eine Pause anordnen oder uns wieder in Bewegung setzen. Und unterwegs können wir uns an den verschiedenen leuchtenden Farben des Wüstensandes erfreuen, an der Stille, an den runden Formen der Sanddünen. Und wir halten Ausschau nach der Oase. Und unser Weg ist zu Ende, wenn jemand von uns sagt: »Ich sehe die Oase!«
Habt ihr verstanden, wie das geht?...

Auswertung

— Wie hat mir das Spiel gefallen?
— Welche Gedanken sind mir dabei gekommen?

Fest im Dschungel 22

Ziele

Dies ist zweifellos das bewegteste und lauteste Experiment. Wenn die Gruppe in einer passenden Stimmung ist, begeistern Sie die Kinder damit. Hier wechseln Anspannung und Lockerung in kaleidoskopartiger Weise, entsprechend dem Temperament und der Tagesform der Kinder. Die Regeln sind einfach und erzeugen gleichwohl zunächst ein lebendiges Chaos, aus dem meist erst allmählich ein geordneter Rhythmus wird. Für ältere Kinder bietet das Spiel eine hochgeschätzte Herausforderung, die Initiative, Koordination, Intuition, Teamgeist und viel Lachen provoziert.
Je nach Entwicklungsstand der Kinder können Sie die Spielregel abwan-

deln, so daß ggf. drei oder auch nur zwei Kinder gleichzeitig stehen müssen.

Teilnehmer
ab 8

Anleitung
Stellt euch vor, ihr seid auf einer Reise in ein fernes Land. Wir sind in einem kleinen Dorf im Dschungel angekommen, in dem ein Fest gefeiert wird. Wir sind als Gäste eingeladen. Gefeiert wird die Geburt von Vierlingen. Deshalb hat der Dorfälteste ein Spiel vorgeschlagen zu Ehren der vier Babies. Zuerst haben die Dorfbewohner das Spiel ausprobiert, und nun seid ihr als Gäste dazu eingeladen.
Dabei gelten folgende Regeln: Wir sitzen alle im Kreis unten auf dem Boden. Jeder, der möchte, kann sich zu Ehren der Vierlinge zu jeder Zeit erheben, aber er darf nur vier Sekunden stehenbleiben, dann muß er sich wieder hinsetzen. Zählt selbst mit eurer inneren Uhr die Sekunden, also: »Ein Schimpanse, zwei Schimpansen, drei Schimpansen, vier Schimpansen.« Wer sich hingesetzt hat, darf gleich danach wieder aufstehen, wenn er das möchte. Und unser Ziel als Gruppe ist es, daß immer genau vier Kinder aufrecht stehen, keines mehr und keines weniger. Habt ihr die Regeln verstanden?
Wie lange werdet ihr brauchen, bis ihr den passenden Rhythmus gefunden habt, wenn ihr dabei nicht miteinander sprecht?...

Auswertung
— Wie hat mir das Spiel gefallen?
— Was ist mir dabei durch den Sinn gegangen?

Regungslos 23

Ziele
Hier wird noch einmal die Uhr benutzt, um die Aufmerksamkeit der Kinder zu fokussieren. Kleinere Kinder können Sie mit der Bemerkung

beglücken, daß jedes Kind eine eingebaute Stoppuhr hat und daß man ungefähr eine Sekunde braucht, um zu sagen: ein Schimpanse.

Teilnehmer
ab 4

Requisiten
Eine Uhr mit einem für die Kinder gut ablesbaren Sekundenzeiger.

Anleitung
Ich möchte euch zu einem Spiel einladen, das "Regungslos" heißt. Und das geht so: Bringt euren Körper in irgendeine angenehme Haltung, wie ihr gerade wollt. Stellt euch so hin, daß ihr den Sekundenzeiger der Uhr sehen könnt. Sobald ich "Regungslos" sage, werdet bitte zu Wachsfiguren, und haltet jeden Teil eures Körpers ganz still — bis auf die Augen. Und wie lange möchtet ihr regungslos sein? Drei Sekunden? Fünf Sekunden?... Ich werde die Sekunden ein paarmal laut mitzählen. Und nun stellt euch so hin, wie es für euch angenehm ist... Regungslos! Eins, zwei...
(Wenn Sie das Spiel noch etwas fortsetzen, variieren Sie die Zeiten nach den Vorschlägen der Kinder und lassen Sie die Kinder ggf. auch ohne Ihr lautes Mitzählen die Sekunden selbst ablesen.)

Auswertung
— Wie hat mir das Spiel gefallen?
— Was ist mir dabei eingefallen?

Schule der Clowns 24

Ziele
Für ältere Kinder ist dies eine reizvolle Art, sich zu konzentrieren und die Aufmerksamkeit zu reorganisieren. Schlagen Sie das Spiel nur vor, wenn in der Gruppe ein gutes Klima ist. Der letzte Schritt erzeugt bei den Kindern ein angenehmes Gefühl der Zugehörigkeit und der Verbundenheit.

Teilnehmer
ab 5

Anleitung
Stellt euch vor, daß ihr eine Schule für Clowns besuchen dürft. Clowns müssen zum Beispiel lernen, sich besonders langsam zu bewegen, damit sie später ihr Publikum zum Lachen bringen können. Heute lernen die Clowns das Gehen.
Beginnt, ganz langsam herumzugehen, wie ihr es vielleicht tut, wenn ihr in einer fremden Stadt seid, wo es viel zu sehen gibt... (30 Sekunden)
Und nun könnt ihr ab und zu hinter einem anderen Kind hergehen und versuchen, genauso zu gehen wie das Kind vor euch. Macht das möglichst unauffällig. Und nach einer Weile geht wieder auf eure eigene Weise... (1 bis 2 Minuten)
Nun geht langsam weiter herum, geht diesmal ganz anders als vorher. Geht vornübergebeugt oder nach hinten gelehnt, nach rechts oder nach links eingebeugt... (30 Sekunden)
Nun könnt ihr wieder hinter einem Kind hergehen und versuchen, genauso zu gehen wie das Kind vor euch... (1 bis 2 Minuten)
Und nun geht langsam weiter... Und diesmal versucht, alle auf die gleiche Weise zu gehen... Laßt euch Zeit dafür, so daß nach und nach alle Kinder auf dieselbe Weise gehen und am Ende niemand mehr weiß, wer es wem nachmacht... Ihr werdet euch wundern, wie ihr euch ohne Worte so gut einigen könnt...

Auswertung
— Wie hat mir das Spiel gefallen?
— Was ist mir dabei aufgefallen?

Seiltänzer 25

Ziele
Wiederum für ältere Kinder eine gute Gelegenheit, sich ganz individuell auszudrücken. Am schönsten zu erproben auf Rasen - sonst brauchen Sie

Gymnastikmatten.

Teilnehmer
ab 8

Anleitung
Stellt euch vor, daß ihr ein Seiltänzer seid. Stellt euch das Stahlseil vor, auf dem ihr gleich balancieren werdet. Ihr tragt ganz leichte Schuhe, durch deren Sohlen ihr das Seil spürt. Und ihr übt euer spezielles Kunststück auf dem Seil.
Und stellt euch dazu weiter vor, daß unter euch ein Netz gespannt ist, in das ihr jederzeit fallen könnt, und das Netz wird euch sicher auffangen, und danach könnt ihr euer Training fortsetzen. Laßt euch überraschen, wie oft ihr in das elastische Netz fallen werdet...
Seid ihr bereit?...

Auswertung
— Wie hat mir das Spiel gefallen?
— Welches Kunststück habe ich mir ausgedacht?

Papierdrachen *26*

Ziele
Dieses Spiel greift die beliebte Phantasie der Kinder auf, fliegen zu können und gibt ihnen Gelegenheit, sich aus einer überlegenen Perspektive neu zu sammeln. Besonders geeignet nach einer anstrengenden Aktivität.

Teilnehmer
ab 8

Anleitung
Stellt euch vor, daß ihr ein Papierdrachen seid mit einem guten, biegsamen Holzgerüst und festem Papier. Welche Farbe wollt ihr haben?...

Laßt die Schnur vorn an eurer Brust befestigt sein und haltet die Arme schräg nach hinten. Stellt euch vor, wie der Wind von vorn gegen euch bläst und wie die Schnur euch hält, so daß ihr höher und höher steigen könnt... Wie hoch wollt ihr steigen? In welchen Bahnen?... Mögt ihr hinabschauen auf die Erde?...
Beginnt nun euren Aufstieg... (1 Minute)
Und nun stellt euch vor, daß der Wind abnimmt und ihr zur Erde zurückfliegt. Wie wollt ihr das tun? Kehrt auf eure Weise zur Erde zurück und landet so, daß der Drache heil bleibt, und rastet dann eine Weile auf dem Boden... Ich werde von Kind zu Kind gehen und mir ins Ohr flüstern lassen, wie das für jeden von euch war...

Auswertung

— Wie hat mir das Spiel gefallen?
— Was ist mir dabei durch den Sinn gegangen?

Glück und Geduld 27

Ziele

Die Kinder lieben dieses etwas längere Spiel heiß und innig. Anspannung und Entspannung wechseln dabei auf überraschende Weise für alle Beteiligten ab. Die Struktur der Handlung komprimiert wichtige existentielle Themen der Kinder, vor allem Selbstbeherrschung, Kompetenz, Fairneß.

Teilnehmer

ab 4

Requisiten

Irgendein kleines, reizvolles Objekt, z.B. ein hübscher Ring, ein Schlüssel, ein bunter Stein.

Anleitung

Ich möchte euch zu einem Spiel einladen, das "Glück und Geduld" heißt.

Wer von euch hat heute schon etwas Glück gehabt?... Wer von euch hat heute schon Pech gehabt?...
Und wie kann man sich helfen, wenn man Pech hat?... Und was kann man machen, wenn man selbst Pech hat und ein anderer Glück?...
Jetzt will ich euch erklären, wie das Spiel geht.
Setzt euch gleich alle auf den Boden, in einer geraden Reihe und stellt hinter euch einen Stuhl... Wenn ihr auf dem Boden sitzt, dann seid ihr im Kindergarten. Wenn ihr auf dem Stuhl sitzt, seid ihr in der Vorschule. Und wenn ihr auf dem Stuhl stehen dürfen, dann seid ihr in der ersten Klasse.
Und wie kommt ihr nun vom Kindergarten in die Vorschule?
Seht euch diesen schönen Stein an... Gleich nehme ich meine Hände auf den Rücken und lege den Stein in eine Hand. Dann halte ich beide Hände wieder nach vorn, aber geschlossen. Und das erste Kind darf raten, in welcher Hand der Stein liegt. Wenn das Kind richtig geraten hat, kommt es in die Vorschule und darf sich auf den Stuhl setzen. Wenn es falsch geraten hat, bleibt es noch etwas im Kindergarten. Dann kommt das zweite Kind an die Reihe..
Habt ihr verstanden, wie das geht?...
(Nach dem ersten Durchgang bekommen die Kinder, die noch im Kindergarten sind, ihre zweite Chance etc., bis alle Kinder in der Vorschule sitzen. Dann beginnt die Runde für die erste Klasse. Spielen Sie bitte so lange, bis alle Kinder die erste Klasse erreicht haben und auf ihren Stühlen stehen. Durch passende Bemerkungen können Sie den Kindern helfen, eine lockere und neugierige Haltung einzunehmen. Helfen Sie ehrgeizigen und leicht entmutigten Kindern!)

Auswertung

— Wie hat mir das Spiel gefallen?
— Was ist mir dabei durch den Sinn gegangen?

Kapitel 2:
Den Kopf entspannen

Müder Kopf 28

Ziele

Das Spiel bietet eine schnelle Chance, einem einzelnen Kind oder einer ganzen Gruppe eine erfrischende Pause und wohlige Lockerung zukommen zu lassen.

Teilnehmer

ab 3

Anleitung

Ich habe einen müden kleinen Kopf...
(Legen Sie Ihren Kopf in beide Hände oder auf Ihre verschränkten Unterarme, und schließen Sie dabei die Augen.)
Es ist Zeit, ins Bett zu gehen und die Decke ganz hoch zu ziehen...Schschsch.... Gute Nacht!...
Gönnt euch nun auch diese behagliche Zeit vor dem Einschlafen, und wenn ihr wollt, träumt einen kurzen, schönen Traum. Danach kann sich jeder von uns ganz ausgeruht fühlen...

Auswertung

— Wie hat mir das Spiel gefallen?
— Was ist mir durch den Kopf gegangen?

Große Augen 29

Ziele

Hier können die Kinder die Muskulatur um ihre Augen und auf der Stirn entspannen.

Teilnehmer

ab 4

Anleitung

Ihr könnt gleich eure Augen ganz, ganz groß machen. Zieht dabei die

Augenbraue so hoch, wie ihr nur könnt. Und stellt euch vor, daß ihr noch ein drittes Auge dazu habt, mitten auf der Stirn. Und dieses Auge macht auch ganz weit auf...
Und dann könnt ihr eure weit geöffneten Augen wandern lassen, nach oben, nach unten, nach rechts und nach links. Und vielleicht könnt ihr dann mit euren drei großen Augen irgendetwas sehen, was ihr vorher nicht gesehen habt. Ich werde gleich langsam bis sieben zählen. Wenn ich bei sieben angekommen bin, macht die Augen einen Augenblick lang zu, und gebt ihnen dann die Größe, die sie selbst gern haben. Und das dritte Auge könnt ihr euch auch später wieder vorstellen, wenn ihr etwas in eurer Phantasie sehen möchtet.
Eins-zwei-drei...

Auswertung

— Wie hat mir das Spiel gefallen?
— Was habe ich dabei bemerkt?

Der goldene Frosch 30

Ziele

Die Kinder können in diesem poetischen, meditativen Spiel ihr Gesicht auf natürliche Weise entspannen und ihren Geist zur Ruhe kommen lassen. Am Ende sind sie erfrischt, und ihr Bewußtsein ist offen für neue Dinge.

Teinehmer

ab 5

Anleitung

Ich möchte euch zu einem Spiel einladen, und dabei müssen wir alle ganz still sitzen, sonst können wir das nicht fangen, was wir nachher vielleicht fangen werden.
Setzt euch auf den Boden und schlagt die Beine übereinander. Ihr könnt einen Fuß auf den Schenkel legen, wenn ihr dazu Lust habt (halber Lotussitz). Haltet euren Rücken ganz gerade, und laßt die Schultern herabsinken. Dann schließt die Augen...

Habt ihr je einen kleinen, goldenen Frosch gesehen, der auf dem großen, grünen Blatt einer Seerose ganz, ganz still saß... so still, daß nichts sich bewegte und der Frosch so aussah, als ob er schliefe?...
Und heute werden wir alle Frösche sein. Stellt euch vor, daß ihr auf dem Blatt einer Seerose sitzt mitten im Teich... Wie ein Frosch sitzt ihr da, ganz still, und ihr atmet langsam ein und aus. So fangen Frösche Fliegen zum Abendbrot, indem sie so still sitzen, daß die Fliegen sie nicht bemerken. Dann schleudern sie ihre lange Zunge heraus und fangen die Fliege. Könnt ihr eure Zunge so schleudern?... Fein!
Jetzt sitzt ihr sehr ruhig da, und ich werde den Ton einer summenden Fliege machen: »Ssss...« Jedesmal, wenn ich das Geräusch mache, könnt ihr eure Zunge rausstrecken und die Fliege fangen. Zählt jeder für sich jede Fliege, die ihr fangt. Und am Ende kann mir jeder ins Ohr flüstern, wieviele Fliegen er gefangen hat...
(Wenn die Kinder konzentriert dasitzen, sollten Sie noch einige Augenblicke warten, ehe Sie das Geräusch der ersten Fliege machen. Dann warten Sie jeweils 30 Sekunden, ehe Sie die nächste Fliege summen lassen. Wenn Sie das Spiel zum ersten Mal erproben, lassen Sie die Kinder drei bis vier Fliegen fangen. Später können Sie jeweils eine Fliege hinzufügen. Außerdem können Sie dann auch andere Geräusche einfügen, wie z.B. einen singenden Vogel, einen bellenden Hund, das Rauschen eines Baumes usw.)

Auswertung

— Wie hat mir das Spiel gefallen?
— Was ist mir durch den Sinn gegangen?

Puppengesicht 31

Ziele

Ein ebenso einfaches wie schönes Spiel, bei dem die Kinder Mund und Kiefermuskulatur lockern können.

Teilnehmer

ab 5

Anleitung

Wir werden uns gleich alle in etwas Weiches verwandeln. Setzt euch auf den Boden und schlagt die Beine übereinander. Ihr könnt den einen Fuß auf den anderen Schenkel legen, wenn ihr das wollt. Und sitzt ganz gerade, die Schultern etwas herabhängend, die Augen geschlossen...
Stellt euch vor, daß ihr eine Puppe seid, eine neue oder eine alte Puppe, die sehr hübsch ist und ihr Gesicht bewegen kann. Ich werde gleich von Kind zu Kind gehen und zart auf seinen Nacken pressen. Dann könnt ihr tief und lange gähnen...

Auswertung

— Wie hat mir das Spiel gefallen?
— Was ging mir durch den Sinn?

Schnuppernase 32

Ziele

Hier können die Kinder die Muskulatur um Nase und Mund lockern und sich an imaginären, angenehmen Gerüchen freuen.

Teilnehmer

ab 4

Anleitung

Ich möchte mit euch ein Spiel ausprobieren, das »Schnuppernase« heißt. Setzt euch mit gekreuzten Beinen auf den Boden und legt einen Fuß auf den anderen Schenkel, wenn ihr das mögt. Haltet euren Rücken gerade und laßt die Schultern hängen, und dann schließt die Augen...
Stellt euch vor, daß ihr irgendein Tier seid, das eine feine Nase zum Schnuppern hat, eine bewegliche und sehr gute Nase...
Beginnt, euer Gesicht jetzt etwas in die Luft zu heben und eure Nase zu bewegen. Zieht die Luft mit kurzen Atemzügen ein, mit kleinen Schnuppergeräuschen....
Öffnet eure Nase ganz weit und zieht sie nach oben, nach links und nach rechts... Prüft die Luft, die ihr einzieht... Wenn ihr wollt, könnt ihr euch auch einen Geruch vorstellen, den ihr gern jetzt riechen würdet...

Ich werde gleich von Kind zu Kind gehen und eure Nase sanft berühren. Dann laßt ihr eure Nase zur Ruhe kommen und flüstert mir ins Ohr, welche Nase ihr hattet und was ihr erschnuppert habt...

Auswertung
— Wie hat mir das Spiel gefallen?
— Was ist mir dabei aufgefallen?

Zauberschrei 33

Ziele
Als Übergang von bewegter Beschäftigung in ruhigere Gefilde ist dies ein praktisches Spiel für aktive Kinder. Sie können Mund und Kieferpartie lockern und auch Überreste aggressiver Stimmungen mit dem imaginären Schrei entschärfen.

Teilnehmer
ab 6

Anleitung
Stellt euch vor, daß ihr gleich einen Zauberschrei ausstoßen könnt. Stellt euch aufrecht hin...
Gleich werdet ihr euren Mund weit, weit öffnen und tief Luft holen. Es wird ein lautloser Schrei sein, niemand von uns wird ihn hören. Aber wenn ihr wollt, könnt ihr euch vorstellen, wie der Zauberschrei klingt und bis wohin der Schrei reichen soll. Welche Art Schrei soll das sein?... Ein Freudenschrei? Ein Racheschrei? Ein Schrei von Tarzan? Ein Schrei von King Kong? Und soll der Schrei irgendein bestimmtes Ohr erreichen?... Gut, macht euch bereit für euren Zauberschrei. Ich zähle langsam von sechs bis eins rückwärts. Bei eins laßt ihr euren lautlosen Zauberschrei los...

Auswertung
— Wie hat mir das Spiel gefallen?
— Wie klang mein Schrei?

Geister, Engel, Elfen *34*

Ziele

Nicht nur kleine Kinder mögen liebevolle Berührungen. Wenn Sie selbst gut aufgelegt sind und Sie das Empfinden haben, daß Ihre Kinder eine Prise Zärtlichkeit vertragen, dann ist dieses Spiel ein schöne, poetische Möglichkeit für Entspannung und Regeneration.

Teilnehmer

ab 3

Anleitung

Ich möchte ein Spiel mit euch ausprobieren, bei dem wir alle ganz leise sein müssen. Setzt euch auf den Boden und legt einen Fuß über den Schenkel des anderen Beins. Laßt die Schultern hängen, haltet den Rücken gerade und schließt die Augen...

Stellt euch vor, daß ihr etwas ganz, ganz Zartes seid, seid ein Geist, ein Engel, eine Elfe, eine Wolke — was ihr wollt. Haltet euren Körper so locker hin, daß ich euch kaum finden kann, wenn ich euch gleich berühre. Und haltet die Augen weiter geschlossen.

Macht euch ganz leicht und zart... Ich werde von Kind zu Kind gehen und euch wie ein Windhauch am Kopf berühren. Und wartet ab, wie sich euer Kopf dann fühlen wird...

(Lassen Sie sich von Ihrer Intuition leiten, wo jedes Kind Ihre federleichte Berührung am liebsten mag und wie die Bewegung ausgeführt sein soll.)

Auswertung

— Wie hat mir das Spiel gefallen?
— Wie hat sich mein Kopf angefühlt?

Masken 35

Ziele

Hier können die Kinder sich gegenseitig etwas verwöhnen und dazu beitragen, daß das Gesicht des Partners entspannt und erfrischt wird.

Teilnehmer

ab 6

Anleitung

Stellt euch vor, daß ihr Mitglieder eines fernen Volkes seid. Ihr feiert eine Hochzeit in eurem Dorf. Und die Sitte verlangt, daß jeder mit einem geschminkten, schön bemalten Gesicht zur Feier kommt.
Wählt euch einen Partner aus...
Setzt euch einander gegenüber auf den Boden... Einer von euch beiden schließt jetzt die Augen, und der andere beginnt, das Gesicht des Partners zu verzieren. Stellt euch vor, daß ihr schöne Fingerfarben habt in allen Tönen. Benutzt eure Fingerspitzen und schmückt das Gesicht eures Freundes so, wie es zu ihm paßt. Und wenn ihr bemalt werdet von eurem Freund, dann könnt ihr versuchen, in der Phantasie euer Gesicht vor euch zu sehen, wie es durch die Farben und Linien geschmückt wird...
Nun wechselt euch ab, damit das Gesicht des Kindes, das eben gemalt hat, auch geschmückt werden kann. Schließt dazu wieder die Augen, wenn ihr jetzt selbst behutsam im Gesicht bemalt werdet...

Auswertung

— Wie hat mir das Spiel gefallen?
— Welche Art Gesichtsschmuck habe ich erhalten?

Kopfkissen 36

Ziele

Dies ist eine ganz einfache Spielstruktur, die durch das automatisch eintretende Lachen viele Spannungen auflöst. Für die Kinder ist es eine schöne Möglichkeit, Nähe und Lockerheit zu erleben. Wählen Sie das Experiment nicht, wenn es in der Gruppe gerade Konflikte gab.

Teilnehmer
ab 4

Anleitung
Ich möchte euch zu einem Spiel einladen, das »Kopfkissen« heißt. Legt euch dazu in einem einzigen Kreis auf den Boden, so daß jedes Kind auf dem Rücken liegt und seinen Kopf auf dem Bauch eines anderen Kindes weich gebettet hat. Könnt ihr euch vorstellen, wie das geht?...
So ein lebendiges Kopfkissen ist wirklich etwas Besonderes. Und welches Kopfkissen möchtet ihr gern haben?...

Auswertung
—Wie hat mir das Spiel gefallen?
— Habe ich ein passendes Kopfkissen gefunden?

Mit der Nase schreiben 37

Ziele
Dies ist eine wunderschöne Möglichkeit für die Kinder, ihren Nacken zu entspannen und dem Kopf ein neues, frisches Empfinden zu geben.

Teilnehmer
ab 6

Anleitung
Stell dir vor, daß deine Nase ein Bleistift ist, mit dem du schreiben und malen kannst. Wende deinen Kopf nach links und nach rechts und fange an, deinen Namen zu schreiben. Nimm schöne, große Buchstaben dafür, wenn du deinen Namen mit der Nase schreibst... Und folge mit den Augen all den sanften Linien, die du malst...
Und nun kannst du eine Menge Kreise malen, nach rechts und nach links... Und spüre, wie nachgiebig dein Nacken sein kann und wie leicht dein Kopf auf den Schultern sitzt...

Auswertung
— Wie hat mir das Spiel gefallen?

— Welche Bewegungen waren leichter: die nach rechts oder die nach links?

Müde Augen *38*

Ziele

Hier können die Kinder ihren Augen Ruhe und Erholung geben. Das Experiment eignet sich besonders gut nach langem Lesen oder Schreiben etc.

Teilnehmer

ab 6

Anleitung

Bitte reib deine Hände kräftig aneinander, damit die Innenseiten ganz warm werden...
Und nun schließ die Augen und mach deine Hände rund und lege sie wie zwei kleine Höhlen über deine Augen... Mach es so, daß die Augenlider nicht berührt werden...
Atme ruhig ein und aus... Können die Augen die Wärme der Hände spüren?... Tut ihnen die Dunkelheit gut?...
Wenn du willst, kannst du mit den geschlossenen Augen jetzt einige schöne Dinge sehen. Würdest du gern ein Boot mit einem bunten Segel betrachten, eine Möwe am Himmel? Was sonst? Möchtest du Farben sehen oder Lichter oder dunklen Samt?... (1 Minute)
Und nun kannst du die Hände wieder von den Augen nehmen und deine Augen langsam wieder an das Licht hier im Raum gewöhnen...

Auswertung

— Wie hat mir das Spiel gefallen?
— Wie fühlen sich meine Augen jetzt an?

Kapitel 3:
Den Rumpf entspannen

Kätzchen 39

Ziele

Nach einer anstrengenden Aktivität können sich die Kinder hier schnell erholen und entspannen. Besonders die Rückenmuskulatur profitiert dabei.

Teilnehmer

ab 3

Anleitung

Stellt euch vor, daß ihr ein Kätzchen seid, das den ganzen Tag gespielt hat und nun müde wegläuft...
(Zeigen Sie den Kindern bitte, wie sich ein müdes Kätzchen bewegt.)
Miau, miau, miau... Jetzt ist es Zeit, daß ihr langsam herumtappt und euch einen Platz sucht, wo ihr in Ruhe schlafen könnt... Rollt euch zusammen, und ich werde gleich euer Fell steicheln. Ruht euch schön aus und schnurrt dabei, wie ein zufriedenes kleines Kätzchen. Ich werde herumgehen und den Rücken all der ausruhenden Kätzchen streicheln, und wenn ich das tue, könnt ihr mir mit einem Schnurren antworten...

Auswertung

— Wie hat mir das Spiel gefallen?
— Wie geht es meinem Kätzchen jetzt?

Abschütteln 40

Ziele

Dies ist ein gutes Übergangsexperiment, besonders geeignet für größere Kinder, die nach konzentrierter bzw. sitzender Tätigkeit eine schnelle Pause brauchen. Anspannung und angesammeltes Unbehagen können dabei losgelassen werden.

Teilnehmer

ab 8

Anleitung

Wißt ihr, wie sich Tiere erfrischen?... Ihr werdet euch gleich daran erinnern.

Bitte stellt euch ganz gerade hin und holt einmal tief, tief Luft... Hebt die Arme dabei hoch über den Kopf und streckt sie gegen die Decke... Und nun bewegt euren Körper in einem schönen Bogen nach vorn, und atmet dabei mit einem lauten, zischenden Geräusch aus, und biegt den Oberkörper und euren Kopf zu Boden, so daß eure Hände dicht an eure Fußspitzen kommen. Haltet dabei die Beine ganz gerade. Und wenn ihr euch so nach vorn beugt, könnt ihr euch vorstellen, daß jetzt alle unangenehmen Gefühle und Gedanken von eurem Rücken abgleiten... Sie fallen nach und nach einfach von euch ab, weil sie sich auf einem so runden Rücken nicht halten können... Bleibt so lange in dieser Stellung, bis ihr Erleichterung spürt, und atmet langsam ein und aus dabei. Und vielleicht ist es gut, wenn ihr den ganzen Vorgang ein paarmal wiederholt... Und wenn ein Ärgernis oder eine Sorge sehr hartnäckig ist, dann könnt ihr euren gebogenen Rücken ein wenig schütteln, bis sie abfällt...

Auswertung

— Wie hat mir das Spiel gefallen?
— Was spüre ich jetzt?

Riesenschnecke *41*

Ziele

Bei diesem meditativen Bewegungsexperiment können die Kinder besonders schön innere Ruhe und Regeneration erlangen. Besonders die Muskulatur des Rückens wird dabei gelockert.

Teilnehmer

ab 4

Anleitung

Stellt euch vor, daß ihr ganz, ganz große Schnecken seid. Und ihr wißt, daß Schnecken sich sehr, sehr langsam bewegen. Sie brauchen viel Zeit, um von einer Stelle zur anderen zu kommen. Beugt euren Oberkörper aus

der Hüfte nach vorn, bringt die Knie ein wenig nach vorn und laßt eure Arme locker herabhängen...
(Demonstrieren Sie ggf. die Position, in der der Oberkörper parallel zum Boden gehalten werden soll.)
Stellt euch vor, daß ihr auf der gegenüberliegenden Seite des Raumes einen schönen, flachen Stein liegen seht, an dem ihr euch festmachen wollt, um dort auszuruhen und zu schlafen. Und nun geht ganz, ganz langsam auf euer Ziel zu, mit Armen, die fast den Boden berühren... Und wenn ihr angekommen seid, könnt ihr euch niederlassen, euch zusammenrollen und auf dem Stein ausruhen...

Auswertung

— Wie hat mir das Spiel gefallen?
— Wie fühlt sich jetzt mein Rücken an?

Kunstsstück des Clowns 42

Ziele

Mit diesem Experiment können Sie Ihren Kindern eine Extraportion Lachen zukommen lassen. Die Kinder haben Gelegenheit, ihren Rücken auf unterhaltsame Weise zu spüren und seine Muskulatur zu lockern.

Teilnehmer

ab 6

Anleitung

Stellt euch vor, ihr seid Clowns in einem Zirkus. Und ihr seid ausgesucht worden, um ein neues Kunststück zu lernen. Ihr wißt, daß Clowns sehr geschickt sind und daß sie das Publikum gern zum Lachen bringen. Mit welchem anderen Kind möchtet ihr dieses kleine, neue Kunststück üben?...
Setzt euch bitte Rücken an Rücken auf den Boden. Stellt eure Füße flach vor euch hin, dicht an den Körper. Und nun hakt eure Arme ineinander. Und wenn ihr nun eure Rücken aneinanderpreßt und eure Beine und Füße euch festen Halt geben, könnt ihr zusammen aufstehen. Könnt ihr euch vorstellen, wie zwei Clowns das machen? Und wieviele Versuche wollt

ihr machen?... Wenn ihr es das erste Mal geschafft habt, probiert es ein zweites Mal...

Auswertung

— Wie hat mir das Spiel gefallen?
— Gibt es einen Trick bei diesem Kunststück?

Ruderboot *43*

Ziele

Wie im vorangehenden Experiment erfolgt auch hier die Umstellung des persönlichen Rhythmus auf dem Weg der Partnerarbeit. Dabei werden besonders die Muskulatur von Rücken, Oberarmen und Oberschenkeln gelockert. Nach einer Zeit sitzender Beschäftigung ist dies eine wirksame Möglichkeit der Entspannung.

Teilnehmer

ab 5

Anleitung

Stellt euch vor, ihr sitzt mit einem anderen Kind in einem Ruderboot. Wo würdet ihr gern rudern? Auf einem kleinen Teich? Auf einem See? Wenn das Wasser glatt ist, oder wenn es einige Wellen gibt?...
Wählt euch ein anderes Kind aus und setzt euch einander gegenüber auf den Boden. Stellt eure Fußsohlen gegen die Fußsohlen des Partners und faßt einander bei den Händen. Und wenn ihr gleich zu rudern beginnt, könnt ihr einander vor- und zurückziehen und euer Boot durch das Wasser steuern...

Auswertung

— Wie hat mir das Spiel gefallen?
— Wie bin ich mit meinem Partner ausgekommen?

Mit dem Rücken lesen 44

Ziele

Dies ist ein vielseitiges Experiment. Es stimuliert Phantasie und Empfindungsfähigkeit der Kinder, Geschicklichkeit und Einfühlungsvermögen. Gleichzeitig greift es den Wunsch der Kinder nach Zärtlichkeit und Berührung auf. Durch die verwendete indirekte Strategie können auch Kinder teilhaben, für die zärtlicher Kontakt sonst ein unerschwinglicher Luxus ist.

Stimuliert und gelockert wird dabei die Muskulatur von Rücken, Schultern und Nacken.

Teilnehmer

ab 5

Anleitung

Stellt euch vor, daß ihr auf eurem Rücken eine Menge kleiner Augen habt, mit denen ihr lesen könnt, was euch ein anderer auf den Rücken malt oder schreibt.

Kommt immer zu zweit zusammen und setzt euch so auf den Boden, daß das eine Kind seinem Vordermann auf den Rücken malen kann...

Der Rücken des Vordermannes ist die Wandtafel, die Hand des anderen Kindes ist die Kreide. Und ihr werdet mit der Spitze des Zeigefingers malen. Malt mit eurem Zeigefinger so fest, daß der Rücken vor euch lesen kann, was ihr malt. Und ihr "Wandtafeln" versucht das, was die Kreide auf euch malt, als Bild vor euch zu sehen. So, nun kann es losgehen.

Die Kreide malt eine große Eins auf die Wandtafel... Die Kreide malt vier lange Linien von oben nach unten... Die Kreide schreibt ihren eigenen Namen... Die Kreide malt sechs Streifen von links nach rechts... Die Kreide schreibt den Namen der Wandtafel... Die Kreide malt einen großen Kreis... Die Kreide malt viele, viele kleine Punkte auf die Wandtafel... Die Kreide malt ein großes Dreieck... Die Kreide malt eine Blume... Die Kreide malt ein Gesicht auf die Wandtafel...

Jetzt bläst die Kreide etwas warme Luft auf das Haar das Partners... Jetzt legt die Kreide beide Hände auf die Schultern des Partners und sagt "Auf Wiedersehen"...

Nun tauscht bitte die Plätze... Die Kreide ist nun Wandtafel, und die

Wandtafel ist Kreide...
(Wiederholen Sie die Anweisungen, ggf. in abgewandelter Form.)

Auswertung

— Wie hat mir das Spiel gefallen?
— Konnte ich "sehen", was mein Partner mir auf den Rücken malte?

Der Teich 45

Ziele

Wenn Ihre Kinder durch das vorangehende Experiment etwas Übung gwonnen haben, können Sie dieses Spiel für eine schnelle Erholungspause benutzen. Die verwendeten Bilder vertiefen für die Kinder das Erlebnis von Ruhe und neuer Konzentration.

Teilnehmer

ab 5

Anleitung

Stellt euch vor, daß wir alle am Ufer eines wunderschönen Teiches stehen, um uns dort zu erfrischen. Setzt euch bitte immer zu zweit auf den Boden, so daß das eine Kind auf den Rücken des Partners malen kann...
Stellt euch vor, daß ihr einen kleinen Stein in den Teich werft. Malt dazu einen kleinen Punkt ganz sanft auf den Rücken des anderen Kindes... Seht, wie lauter kleine Wellen von der Stelle ausgehen, wo der Stein im Wasser versunken ist... Malt dazu lauter Kreise auf den Rücken des Partners, Kreise, die immer größer werden...
Plötzlich springt ein lustiger Fisch aus dem Wasser... Malt dazu eine gerade Linie von unten nach oben auf den Rücken des Partners... Und seht, wie der Fisch wieder im frischen Wasser verschwindet... Malt dazu eine gerade Linie von oben nach unten auf den Rücken des Partners...
Und nun tauscht bitte die Plätze...

Auswertung

— Wie hat mir das Spiel gefallen?
— Habe ich etwas von dem sehen können, was mein Partner malte?

Spielende Tiere 46

Ziele

Eine weitere, reizvolle Massagestrategie für den Rücken. Nach langem Sitzen oder anstrengender Tätigkeit erfrischen die vorgeschlagenen Naturbilder die Kinder auf vielfältige Weise.

Teilnehmer

ab 5

Anleitung

Stellt euch vor, daß wir alle bei einem grünen Hügel sind, auf den man hinauf- und hinunterlaufen kann. Der Wind weht leicht, die Sonne scheint, und Gräser und Tiere fühlen sich wohl.
Setzt euch bitte immer zu zweit auf den Boden, so daß das eine Kind den Rücken des anderen vor sich hat. Dieser Rücken ist unser grüner Hügel, und die Hände des hinteren Kindes sind die Tiere, die gleich auf dem Hügel spielen.
Es war einmal eine kleine Maus, die neugierig war, was sie wohl auf dem Hügel alles würde machen können. Nehmt eine Hand und laßt sie als Maus den Hügel hinauf- und hinunterlaufen... Und es kam auch eine Schnecke des Weges daher, die ganz langsam den Hügel hinaufrutschte und dann wieder hinab. Nehmt die andere Hand und laßt sie sich als Schnecke bewegen... Und es kam auch ein Känguruh, das mit wenigen großen Sprüngen den Hügel hinauf- und hinabstürmte. Welche Hand soll das tun?... Und es kam auch eine kleine Ameise, die ganz leichtfüßig den Hügel erforschte. Welche Hand will das übernehmen?... Und welches Tier soll noch über den Hügel laufen? Und mit welcher Hand schickt ihr dieses Tier auf die Reise?...
Und nun nehmt beide Hände, und laßt zwei schwere Schildkröten auf dem Hügel »Fangen« spielen. Schiebt die Hände dazu über den Rücken... Und nun wechselt bitte die Rollen.
(Wiederholen Sie die Anweisungen ggf. in abgewandelter Form.)

Auswertung

— Wie hat mir das Spiel gefallen?
— Welche Tiere haben mir am besten gefallen?

Taktiles Telefon *47*

Ziele

Dieses reizvolle Experiment führt die ganze Gruppe zusammen, aktiviert taktiles und visuelles Bewußtsein und fokussiert die Aufmerksamkeit der Kinder aufs Neue.

Teilnehmer

ab 6

Anleitung

Könnt ihr euch vorstellen, daß ihr alle zusammen wie ein Bildtelefon funktioniert?
Setzt euch bitte in einer langen Reihe auf den Boden, so daß jedes Kind auf den Rücken eines anderen Kindes schaut..
Und das Telefonieren geht so: Ich werde ein einfaches Zeichen auf ein Blatt Papier malen. Dann drehe ich das Papier um und werde dasselbe Zeichen auf den Rücken des letzten Kindes malen. Und dieses Kind malt genau dieses Zeichen auf den Rücken seines Vordermannes. Und auch dieses Kind gibt dann dieses Zeichen weiter nach vorn, bis das vorderste Kind das Zeichen erhalten hat und es dann auf ein Blatt Papier malt. Dann können wir vergleichen, ob unser Telefon genau gearbeitet hat. Wird es dasselbe Zeichen sein, das ich am Anfang aufgemalt habe?
Habt ihr verstanden, wie das geht?...
(Beginnen Sie möglichst einfach, z.B. mit einem senkrechten Strich, ehe Sie nach ein oder zwei Testläufen irgendein Design auf die Reise schicken, Kreise, Dreiecke oder eine einfache Zahl. Wenn die Kinder mit dem Spiel vertraut sind, können sie selbst starten und ein eigenes Muster auf die Reise schicken.)

Auswertung

— Wie hat mir das Spiel gefallen?
— Was ging mir durch den Sinn?

Kapitel 4:

Arme und Hände entspannen

Pressen 48

Ziele

Besonders wenn die Kinder zuvor geschrieben oder gemalt haben, ist dies eine gute Lockerungsstrategie für Hände und Arme.

Teilnehmer

ab 5

Anleitung

Stellt euch vor, daß eure Hände jetzt schon so stark sind, wie sie es in Wirlichkeit erst in fünf Jahren sein werden. Und wenn ihr wollt, könnt ihr euch vorstellen, daß eure Hände noch viel stärker sind, so kräftig wie die Hände von King Kong, von Superman oder Wonderwoman.
Stellt euch bitte hin, damit ihr fühlen könnt, was ihr mit euren Händen alles pressen könnt.
Stellt euch vor, daß ihr in jeder Hand eine Tube Zahnpasta habt, die ihr herauspreßt... Stellt euch vor, daß ihr mit beiden Händen eine Zitrone zerdrückt... Stellt euch vor, daß ihr mit beiden Händen eine Walnuß knackt... Was möchtet ihr sonst noch mit beiden Händen zusammenpressen?... Gut, tut das...

Auswertung

— Wie hat mir das Spiel gefallen?
— Was habe ich besonders gern zusammengepreßt?

Pfau 49

Ziele

Dieses schöne Experiment benutzt die Strategie langsamer Bewegungen, um die Kinder von Spannungen zu entlasten und ihre Energie neu zu konzentrieren. Besonders Hände, Arme und Schultern werden dabei gelockert.

Teilnehmer

ab 8

Anleitung

(Wenn möglich, zeigen Sie den Kindern zu Beginn das Bild eines Pfaus.) Stellt euch vor, daß wir uns in einen wunderschönen Pfau verwandeln. Steht bitte ganz gerade, die Beine zusammen, mit leicht gebogenen Knien. Ja, nun zieht die Schultern so weit zurück wie ihr könnt... Eure Arme werden die langen Federn im Schwanz des Pfaus. Biegt also eure Schultern zurück und nehmt die Arme schräg nach hinten, so daß die Handflächen sich berühren hinter eurem Po... Gut so.

Wenn ich gleich sage: »Pfau, schlage bitte ein Rad«, dann öffnet ganz, ganz langsam eure Arme und dreht dabei gleichzeitig eure Hände herum, so daß die Handflächen nach außen zeigen. Und so langsam wie ihr könnt, bringt eure Hände hinter euren Kopf... und noch höher über euren Kopf... bis die Handflächen wieder zusammen sind. Bleibt dann in dieser Haltung einen Augenblick... Atmet langsam, bis ich sage: »Danke, Pfau, nun kannst du die Federn wieder verbergen«. Und ganz, ganz langsam, so langsam wie möglich, bringt eure Hände wieder hinter euren Po nach unten, dreht die Hände dabei, haltet die Schultern nach hinten, bis am Ende die Handflächen sich wieder berühren und ihr dort seid, wo ihr angefangen habt...

(Lassen Sie die Kinder ihren Pfau einige Male im Zeitlupentempo sein prächtiges Federspiel vorführen.)

Auswertung

— Wie hat mir das Spiel gefallen?
— Welche Stellen meines Rückens spüre ich jetzt besonders?

Gewichtheber 50

Ziele

Dies ist ein einfaches, sehr wirksames Experiment, bei dem Spannungen in Armen und Schultern gelockert und ein Empfinden neuer Energie herbeigeführt werden können.

Teilnehmer

ab 6

Anleitung

Stellt euch vor, ihr seid ein Gewichtheber. Ihr habt Beine mit dicken Muskelpaketen, durchtrainierte Hüften und Arme, die vor Kraft vibrieren. Ihr seid in eurem Sportstudio und wollt sehen, wieviel ihr heute stemmen könnt. Und ihr wißt, daß ihr gleich eine lange Eisenstange mit Gewichten links und rechts hochdrücken werdet. Also beugt euch mit durchgebogenen Knien nieder, faßt die Stange fest an und hebt sie euch vor die Brust...

Beginnt mit leichteren Gewichten, und laßt sie erst beim zweiten oder dritten Versuch schwerer werden... Gut? Dann fangt an mit dem Training...

Auswertung

— Wie hat mir das Spiel gefallen?

— Welchen Teil meines Körpers spüre ich jetzt am meisten?

Zaubertür 51

Ziele

Wieder mit Hilfe der Strategie der Zeitlupenbewegung können die Kinder sich von Spannungen entlasten und ihre Energie erneuern. Das verwendete poetische Bild unterstützt diesen Vorgang sehr schön. Besonders Schultern und Arme werden dabei gepflegt.

Teilnehmer

ab 8

Anleitung

Stellt euch vor, ihr seid eine Zaubertür, die sich nicht für jeden öffnet. Stellt euch bitte gerade hin, die Arme an den Seiten des Körpers. Wenn ich gleich sage: »Sesam, öffne dich«, dann nehmt die Arme, ganz, ganz langsam hoch, die Handflächen senkrecht gestellt, bis die Hände auf Schulterhöhe gerade nach vorn zeigen.

Also: »Sesam, öffne dich«... Haltet die Arme eine Weile so...

(Lassen Sie die Kinder die Arme etwa 30 bis 60 Sekunden so halten.)

Und wenn ich gleich sage: »Zaubertür, es kommt jemand, schließe dich, schließe dich«, dann senkt ihr die Arme wieder ganz, ganz langsam... Und ihr könnt das gleich ein paarmal in eurem eigenen Rhythmus machen und dabei auch eure eigenen Zaubersprüche benutzen, die eure Zaubertür öffnen...

Auswertung

— Wie hat mir das Spiel gefallen?
— Was ist mir dabei eingefallen?

Wachsender Baum 52

Ziele

Dieses Spiel bietet kleinen Kindern eine sehr einfache Möglichkeit, sich nach längerem Sitzen oder konzentrierter Arbeit besonders im Bereich von Rücken, Schultern und Armen zu entspannen.

Teilnehmer

ab 4

Anleitung

Stellt euch vor, daß ihr ganz, ganz junge Bäume seid, die erst vier Jahre alt sind... Setzt euch ganz klein zusammengefaltet auf den Boden, euer Stämmchen ist noch ganz winzig, eure Äste und Zweige sind noch kurz und zart. Aber eure Wurzeln sind fest in der Erde und versorgen euch gut mit allem, was ihr braucht. Und die Sonne scheint auf euch, und der Regen gibt euch zu trinken... Und ihr habt Lust zu wachsen und ein großer Baum zu werden.

Und nun stellt euch vor, daß ihr wachst und langsam, langsam größer werdet... Und beginnt, sehr ruhig aufzustehen, so daß ihr einen richtigen Stamm bekommt, und eure Arme könnt ihr langsam erheben und ausstrecken wie kräftige Äste... Und bewegt euch ein wenig, wie das ein großer Baum macht, wenn der Sommerwind durch ihn hindurchgeht... (30 Sekunden) Und nun könnt ihr euch vorstellen, daß jemand einen Film von dem wachsenden Baum gemacht hat. Laßt den Film rückwärts laufen und laßt euren Baum langsam kleiner und kleiner werden...

Auswertung

— Wie hat mir das Spiel gefallen?
— Was ist mir dabei durch den Sinn gegangen?

Durch die Luft schwimmen 53

Ziele

Wenn die Kinder noch etwas unruhig sind, helfen ihnen die langsamen, ausgreifenden Bewegungen dieses Spiels, Hals-, Nacken- und Armmuskulatur zu lockern und den inneren Rhythmus neu zu finden.

Teilnehmer

ab 8

Anleitung

Stellt euch vor, daß ihr gleich in angenehm klarem Wasser ein paar Runden schwimmen könnt. Denkt daran, wie gut das Wasser euch trägt und wie schön der ganze Körper beim Schwimmen beteiligt ist. Ihr könnt gleich den Teil der Schwimmbewegung machen, den die Arme übernehmen, und zwar ganz, ganz langsam. Stellt euch bitte gerade hin und haltet die Arme hoch über euren Kopf. Macht dieselben Bewegungen, die ihr auch beim Kraulen macht und dreht den Kopf auf die Seite, die dem ausholenden Arm gegenüberliegt.
(Demonstrieren Sie die Bewegungen, die gerade nach oben führen sollen.)
Und spürt, wie ihr die Luft bewegt mit jedem Zug, so wie ihr es auch tut, wenn ihr ins Wasser greift. Und laßt eure Züge sehr langsam und kräftig sein...
(Wenn die Kinder danach aufgelegt sind, können Sie vorschlagen, mit schnellen Schwimmzügen zu beginnen und dann immer langsamer werden.)

Auswertung

— Wie hat mir das Spiel gefallen?
— Wie fühle ich mich jetzt?

Rosenknospe 54

Ziele

Auch hier werden Schultern, Nacken und Armmuskulatur gelockert. Das verwendete Bild ist besonders für ältere Kinder sehr passend.

Teilnehmer

ab 8

Anleitung

Stellt euch eine Rosenknospe vor, eine Rosenknospe vielleicht am frühen Morgen mit einigen Tautropfen, in denen die Morgensonne funkelt. Laßt die Knospe etwas geöffnet sein, so daß man ein wenig hinter die äußeren Blütenblätter sehen kann. Gebt der Rosenknospe eine Farbe, die ihr gern habt, und vielleicht wollt ihr sie auch schon etwas duften lassen...
Und nun könnt ihr gleich selbst diese Rosenknospe sein. Stellt euch hin und haltet Hände und Arme an der Seite eures Körpers. Und dann laßt die Arme langsam, langsam sich ausbreiten und in einer runden Bewegung hochkommen, bis sie hoch über eurem Kopf ein Herz andeuten...
Und haltet die Arme eine Weile als Knospe hoch über euren Kopf... Und dann nehmt die Arme ganz langsam wieder herab...

Auswertung

— Wie hat mir das Spiel gefallen?
— Was habe ich dabei bemerkt?

Wellen 55

Ziele

Die langsamen Armbewegungen nehmen Spannung aus dem Oberkörper, und die Vorstellung der Brandung hilft den Kindern, sich geistig zu erfrischen und erneut zu konzentrieren.

Teilnehmer

ab 8

Anleitung

Stellt euch schön gerade hin, die Beine leicht gespreizt auf Schulterbreite, die Schultern herabhängend. Biegt eure Knie etwas durch, so daß ihr bequem stehen könnt.

Stellt euch vor, daß ihr auf den Ozean blickt, auf das weite Wasser, das in großen, runden Wellen an die Küste brandet... Oder stellt euch vor, daß ihr in einem Boot auf dem Ozean seid, so daß ihr die Bewegung der Wellen mit dem ganzen Körper spüren könnt...

Und nun könnt ihr euch vorstellen, daß wir alle diese Wellen des Ozeans sind... Streckt eure Hände nach vorn, und laßt die Ellenbogen etwas gebeugt... Wenn die Wellen auf den Strand treffen und hinabstürzen, dann geht etwas in die Knie und laßt Hände und Arme herabsinken. Und wenn die Wellen nach oben gehen, dann richtet euch wieder auf und nehmt die Hände hoch und nach vorn...

Und jetzt hört euch das Geräusch der Wellen an und bewegt euch wie die Wellen ganz, ganz langsam... Und hinab, hinab rollen die Wellen... und dann heben sie sich höher und höher...

Wenn ich das Geräusch der Wellen lauter mache, könnt ihr den Ozean kräftiger wogen lassen, so daß eure Arme bis auf Kopfhöhe emporgleiten und dann tiefer hinab bis zu euren Knien... Hört aufmerksam auf die Stimme der Wellen. Und wenn die Wellen leiser rauschen, bewegt ihr Hände und Arme nur bis auf Schulterhöhe und hinab bis zu den Oberschenkeln...

(Machen Sie bitte die Geräusche der Wellen in einem langsamen Rhythmus und variieren Sie die Lautstärke.)

Auswertung

— Wie hat mir das Spiel gefallen?
— Was ist mir dabei durch den Sinn gegangen?

Sprache der Hände 56

Ziele

Dieses Spiel ist bei kleinen und größeren Kindern sehr beliebt. Es kombiniert auf anregende Weise einige Herausforderungen, die in allen Altersstufen geschätzt werden. Und es belebt die Gruppenatmosphäre und führt die Gruppe zusammen. Am Ende hat jedes Kind warme, lebendige Hände.

Teilnehmer
ab 4

Anleitung
Ich möchte euch zu einem Spiel einladen, das »Sprache der Hände« heißt. Und das geht so:
Wir brauchen ein Kind, das besonders neugierig ist. Es soll zum Beispiel diesen kleinen Ball (oder irgendein anderes Objekt passender Größe) hier im Raum suchen. Das Kind verläßt den Raum, und ein anderes Kind legt den Ball irgendwo hin, so daß er aus der Nähe gesehen werden kann. Dann kommt das neugierige Kind wieder herein und beginnt seine Suche. Und wir alle helfen dabei, indem wir mit unseren Händen sprechen. Und wie tun wir das? Wir klatschen! Wir klatschen lauter, wenn das Kind näher an den Ball herankommt. Und wir klatschen leiser, wenn es sich wieder vom Ball entfernt. Und das Kind hat zwei Minuten Zeit, um den Ball zu finden. Wenn das Kind bis dahin den Ball noch nicht entdeckt hat, bekommt es von uns ein bißchen Hilfe mit Worten.
Habt ihr verstanden, wie das geht?...

Auswertung
— Wie hat mir das Spiel gefallen?
— Was ist mir dabei aufgefallen?

Kapitel 5:

Füße und Beine entspannen

Karnevalsumzug rückwärts 57

Ziele

Hier geht die Aufmerksamkeit der Kinder auf ihre Beine, deren Muskulatur durch das Rückwärtsgehen in besonderer Weise angeregt wird. Die ungewohnte Bewegungsrichtung sorgt gleichfalls für eine Reorientierung des Bewußtseins und der Konzentration.

Teilnehmer

ab 4

Anleitung

Stellt euch vor, daß sich jeder von euch verkleidet und ein Karnevalskostüm anzieht... Sucht euch irgend etwas aus, was ihr gern anziehen möchtet... Und wir werden gleich auf einen Karnevalsumzug gehen, der verkehrt herum geht. Wir werden nämlich rückwärts gehen. Und wir werden nicht marschieren, sondern ganz langsam gehen. Wir werden auch nicht singen oder rufen auf diesem Umzug, sondern ganz ruhig bleiben...

Und nun stellt euch in eurem Kostüm zum Umzug auf...

(Lassen Sie die Kinder in einem großen Kreis stehen und dann im Kreis rückwärts gehen.)

Auswertung

— Wie hat mir das Spiel gefallen?
— Welches Kostüm habe ich getragen?

Affen auf dem Rückzug 58

Ziele

Auch hier dient das langsame Rückwärtsgehen zur Reorientierung von Körper und Geist. Besonders die Beine und Hüften werden dabei entspannt.

Teilnehmer

ab 4

Anleitung

Stellt euch vor, daß ihr heute im Urwald seid und eine Herde Affen beobachtet... Ihr seht, wie die Affen spielen, Nahrung suchen und sich dabei bewegen. Ihr seid ganz leise, um die Tiere nicht zu erschrecken... Plötzlich hört ihr andere Geräusche, und ihr seht, wie die Affen aufmerksam und vorsichtig werden...

Seid nun selbst diese Affen... Die Affen gehen langsam rückwärts in den Urwald, weil sie vor dem bösen Tiger flüchten. Sie sind dabei ganz still... Geht langsam und behutsam rückwärts mit großen Schritten. Und wenn euer rechtes Bein einen Schritt rückwärts geht, dann bewegt auch den rechten Arm nach hinten. Und wenn euer linkes Bein einen Schritt rückwärts geht, dann bewegt auch den linken Arm nach hinten...

(Demonstrieren Sie ggf. diese Tai-Chi-Bewegung. Lassen Sie die Kinder von einer Seite des Raumes zur gegenüberliegenden rückwärts gehen.)

Auswertung

— Wie hat mir dieses Spiel gefallen?
— Was ist mir durch den Sinn gegangen?

Mein Freund, das Stachelschwein 59

Ziele

Das Stachelschwein ist für manche Kinder in idealer Freund: klein und durch den großen Vorrat an pfeilähnlichen Stacheln gut geschützt. Beim langsamen Gehen können sich die Kinder wunderbar regenerieren und Beine und Hüften entspannen.

Teilnehmer

ab 4

Anleitung

Stellt euch in einem großen Kreis auf... Wir werden uns vorstellen, daß wir einem Stachelschwein folgen, das langsam vor uns herläuft. Und wir

erschrecken. Ganz, ganz langsam... jeder stellt sich vor, daß er hinter seinem Stachelschwein hergeht... Ich werde an der Spitze des Kreises gehen, so daß ihr bemerken könnt, wie langsam wir gehen müssen. Schaut hinunter auf euer kleines Stachelschwein und achtet darauf, daß ihr nicht zu schnell geht, damit ihr nicht gegen das Tier stoßt und die spitzen Stacheln nicht in eure Füße pieksen. Denkt darüber nach, wohin euer Stachelschwein gehen möchte... Und seid ganz still dabei...
Und nun setzt euch auf den Boden, dort, wo ihr gerade seid. Euer Stachelschwein ist irgendwohin gegangen, wohin ihr ihm nicht folgen könnt. Wohin ist euer Stachelschwein gelaufen?...
(Lassen Sie jedes Kind antworten.)

Auswertung

— Wie hat mir das Spiel gefallen?
— Was ist mir dazu eingefallen?

Stufen *60*

Ziele

Dieses Spiel für ältere Kinder entspannt nicht nur Beine und Becken. Es schenkt den Kindern eine schöne Metapher, die viele Aspekte ihrer Lebenssituation anspricht.

Teilnehmer

ab 8

Anleitung

Stellt euch vor, daß wir gleich auf ein ganz besonderes, auf ein sehr altes Gebäude steigen... Wir werden auf eine Pyramide klettern, auf ein uraltes Grab, das vor Tausenden von Jahren in Ägypten gebaut wurde. Und eine Pyramide kann bis zu einhundert Metern hoch sein, und außen sind die Steinquader in großen Stufen angeordnet, etwa so...
(Zeigen Sie der Gruppe ggf. ein Foto von einer Pyramide.)
Wir werden viele, viele Stufen steigen, und wir wissen nicht, wieviele Stufen es sein werden, eine Stufe oder fünfzig Stufen. Jeder kann nun einmal raten, wieviele Stufen es auf unserer Pyramide geben wird.

Irgendeine Zahl zwischen 1 und 50...
(Legen Sie bitte für sich vorher fest, wieviele Stufen die Kinder Ihrer Gruppe emporklimmen sollen, am besten zwischen 10 und 20 Stufen. Lassen Sie die Kinder dann auch wissen, wie weit sie klettern sollen.)
Diese Stufen sind so steil, daß wir ein Bein ganz hochheben müssen und gleichzeitig mit der Hand auf der anderen Seite die Kante der nächsten Stufe anfassen, damit wir Halt bekommen. Dann nehmen wir das andere Bein und die andere Hand.
So, seid ihr bereit?... Wir werden ganz langsam steigen, damit wir nicht außer Atem kommen... Los gehts. Eins-zwei-drei-... Vergeßt nicht, ein- und auszuatmen, ganz langsam... vier-fünf-sechs...
(Wenn die Gruppe schon an Höhe gewonnen hat:)
Was könnt ihr von hier oben sehen?... Wie weit könnt ihr schauen?...

Auswertung

— Wie hat mir das Spiel gefallen?
— Was ist mir aufgefallen?

Hohe, hohe Bäume 61

Ziele

Dieses schöne Spiel aus dem Tai-Chi entspannt Arme und Beine und gibt ein inneres Empfinden von Gelassenheit.

Teilnehmer

ab 8

Anleitung

Stellt euch vor, daß wir große, große Bäume sind. Ihr wißt, wie die Wipfel der Bäume sich im Wind bewegen, wie sie sanft vor- und zurückschwingen. Wir werden solche Bäume sein.
Stellt euch schön gerade hin, die Füße auf Schulterbreite auseinandergestellt. Dreht den einen Fuß etwas nach außen und macht mit dem anderen einen großen Schritt nach vorn... Beugt jetzt eure Arme so, daß die Oberarme am Körper liegen und die Unterarme schräg nach oben deuten, die Hände ausgestreckt und die Handflächen nach unten, die

Fingerspitzen in Höhe eurer Schultern, ungefähr so... (Zeigen Sie die Position.)
Und nun verlagert euer Gewicht auf den vorderen Fuß und bewegt eure Unterarme etwas nach vorn... Laßt die Füße fest auf dem Boden dabei.
Und nun schwingt wieder zurück und legt euer Gewicht wieder auf den hinteren Fuß und zieht die Unterarme wieder näher an den Körper heran...
Eure Füße sind zwei große Wurzeln, die euch fest im Boden verankern, während euer Stamm sich im Wind bewegt nach vorn und zurück...
(Zeigen Sie das Bewegungsmuster und machen Sie anschließend Windgeräusche.)
Bleibt bei dieser langsamen Bewegung, vor und zurück... das Gewicht zuerst auf dem einen Fuß und dann auf dem anderen... Laßt die Füße unbewegt auf dem Boden...
Ich gehe jetzt herum und schaue mir an, wie stark eure Bäume sind... Wenn ihr fest im Boden verwurzelt seid, fallt ihr nicht um, wenn ich euch einen kleinen Stoß gebe...

Auswertung

— Wie hat mir das Spiel gefallen?
— Was ging mir dabei durch den Sinn?

Brummkreisel *62*

Ziele

Dieses Spiel lockert Hüften, Beine und Arme. Gleichzeitig betont es die Gemeinsamkeiten in der Gruppe und gibt den Kindern ein Gefühl von Geborgenheit und Selbständigkeit.

Teilnehmer

ab 6

Anleitung

Stellt euch einen großen Brummkreisel vor, der sich vor euch auf dem Boden dreht... einen altmodischen, bunten Kreisel, der einen ruhigen, tiefen Ton macht, wenn er sich langsam dreht...

Stellt euch nun vor, daß ihr heute selbst so ein Brummkreisel seid. Geht bitte in die Mitte des Raumes und verteilt euch dort, so daß jeder etwas freien Platz um sich herum hat...
Schließt eure Augen und haltet eure Arme etwas vom Körper abgewinkelt nach den Seiten... Beginnt, euch ganz, ganz langsam zu drehen. Dreht euch sehr langsam mit all den anderen Brummkreiseln um euch herum, und dreht euch langsam in der Mitte des Raumes zusammen, bis ihr die anderen Brummkreisel spürt, die sich auch langsam drehen und euch sanft berühren...
Und nun findet einen Rhythmus, wie ihr euch langsam in die Mitte bewegt und wieder von der Mitte weg, indem ihr sanft in die Mitte hineindreht und dann von den anderen Kreiseln wieder hinausgedreht werdet... (1 bis 2 Minuten)
Und nun hebt die Arme auf Schulterhöhe, immer noch mit geschlossenen Augen... Und drehend könnt ihr spüren, wie die anderen Hände eure Hände berühren... (30 Sekunden)
Und nun dreht euch langsam ganz nach außen, weiter mit ausgestreckten Armen und Händen, noch die anderen Hände berührend... Und bewegt euch noch weiter nach außen, bis eure Hände niemanden mehr streifen, und öffnet dann die Augen und kommt am Rande des Raumes zur Ruhe...

Auswertung

— Wie hat mir das Spiel gefallen?
— Was ist mir dabei eingefallen?

Bücher bei **iskopress**

KINDER UND JUGENDLICHE

Vopel: ***Kinder ohne Stress.*** *Imaginative Spiele für Kinder zwischen 3 und 12,* Teil 1 bis 5 (1) ***Bewegung im Schneckentempo*** (2) ***Im Wunderland der Phantasie*** (3) ***Reise mit dem Atem*** (4) ***Zauberhände*** (5) ***Ausflüge im Lotussitz***

Rabe: ***Karawane meiner Träume.*** *Schreibexperimente für Kinder*

Wal: ***Eine Kiste voller Bilder.*** *Malexperimente für Kinder*

Liedhegener: ***Robi und Christine.*** *Phantasiegeschichten für Kinder und ihre Eltern*

Unna: ***Blau ist der Himmel.*** *Vom Malstil des Kindes zwischen 6 und 9*

Vopel: ***Interaktionsspiele für Kinder***, Teil 1 bis 4 (1) Kontakt, Wahrnehmung, Identität (2) Gefühle, Familie und Freunde (3) Kommunikation, Körper, Vertrauen (4) Schule, Feedback, Einfluß, Kooperation

Böschemeyer/Vopel: ***Kommunikation im 1. Schuljahr.*** *Affektives Lernen für 5 bis 7-jährige*

Wilhelm: ***Sanfte Pädagogik.*** *Heilsame Wege in Schule und Beratung*

Böschemeyer: ***Kindergeburtstag.*** *Spiele ohne Verlierer*

Nowak/Vopel: ***Denken wie ein Berg, fühlen wie ein Fluß.*** *Spiele und Experimente für eine respektvolle Einstellung zur Natur für 6- bis 12-jährige*

Ehrlich/Vopel: ***Wege des Staunens.*** *Übungen für die rechte Hemisphäre,* Teil 1 bis 3 (1) Kreatives Schreiben (2) Malen und Formen (3) Phantasiereisen

Vopel: ***Schreibwerkstatt.*** *Eine Anleitung zum kreativen Schreiben für Lehrer, Schüler und Autoren,* Teil 1 und 2

de Mille: ***Setz Mutter auf den Tiger.*** *Phantasieexperimente für Kinder*

Alex/Vopel: ***Lehre mich nicht, laß mich lernen***, Teil 1 bis 4. (1) Älter werden, Ängste und Befürchtungen, Anerkennung und Nähe, Autoritäten und Vorschriften, Fehler und Erfolge, Freude und Trauer, Freunde gewinnen (2) Gefühle, Geld, Gesundheit und Drogen, irrationale Annahmen, Jungen und Mädchen, Krisen, Lernen (3) Liebe und Sinnlichkeit, Mut, Natur, Selbstkonzept, Streß, Träume (4) Umwelt, Verhaltensprobleme, Wünsche und Werte, Wut und Ärger, Zeiteinteilung.

Vopel: ***Dialog mit der Zukunft***. *Imaginative Experimente für Jugendliche*

Klippstein (Hg): ***Zwischenspiele***. *Vorlesetexte für kreative Pausen* (ab 12)

Nowak: ***13 Wege, einen Baum zu betrachten.***
Lebendiges Lernen im Biologieunterricht

Vopel: ***Interaktionsspiele für Jugendliche***, Teil 1 bis 4
(1) Werte/Ziele und Interessen/Schule und Lernen/Arbeit und Freizeit
(2) Körper/Identität/Fähigkeiten und Stärken (3) Ablösung aus der Kindheitsfamilie/Liebe und Freundschaft/Sexualität
(4) Lebensplanung/Probleme lösen/Kooperation

Vopel/Wilde: ***Glaube und Selbsterfahrung im Vaterunser.***
Ein Kurs für lebendiges Lernen im kirchlichen Unterricht

Vopel: ***Nicht vom Brot allein.***
Affektive Strategien zur Werteklärung für Kinder und Jugendliche

GRUPPENLEITER

Vopel: ***Metaphorische Aktionen***. *Ungewöhnliche Wege zur Gruppenkohäsion*

Vopel: ***Anfangsphase***, Teil 1 und 2.
(1) Namen/Kontakte/Werte (2) Selbstbild/Biographisches/Ziele

Vopel: ***Anwärmspiele***. *Experimente für Lern- und Arbeitsgruppen*

Vopel: ***Handbuch für Gruppenleiter.***
Zur Theorie und Praxis der Interaktionsspiele

Vopel: ***Störungen, Blockaden, Krisen. Experimente für Lern- und Arbeitsgruppen***

Vopel: ***Interaktionsspiele***, Teil 1 bis 6.
Akzeptierung und Angstabbau in der Anfangsphase/Wahrnehmen und Kommunizieren/Aktivierung bei Müdigkeit und Unlust/Entwicklung von Vertrauen und Offenheit/Beziehungsklärung und Feedback/ Umgang mit Einfluß, Macht und Konkurrenz/Konsensus und Kooperation

Vopel: ***Materialien für Gruppenleiter***, Teil 1 bis 8.
(1) ***Diagnose der Gruppensituation*** (2) ***Gestaltung der Schlußphase***
(3) ***Kommunikationsregeln in Gruppen***
(4) ***Umgang mit Konflikten*** (5) ***Teamentwicklung***
(6) ***Briefe als Lernstrategie*** (7) ***Ziele*** (8) ***Lernen***

Vopel: ***Poster Set***, *Grundregeln in Gruppen*. 12 Poster (84 x 58 cm) auf unterschiedlich getöntem, pastellfarbenem Grund